AF370481

Disciplina para niños pequeños

El poder de la crianza positiva y una comunicación saludable en la vida cotidiana de su hijo

CATALINA ZAPATA

Copyright 2020 © Catalina Zapata

Todos los derechos reservados.

Nota legal

El siguiente documento se reproduce a continuación con el objetivo de proporcionar información lo más precisa y confiable posible.

Esta declaración se considera justa y válida tanto por el Colegio de Abogados de los Estados Unidos como por el Comité de la Asociación de Editores y es legalmente vinculante en todo Estados Unidos.

Además, la transmisión, duplicación o reproducción de cualquier parte del siguiente trabajo, incluida la información específica, se considerará un acto ilegal, independientemente de si se realiza de forma electrónica o impresa.

Esto se extiende a la creación de una copia secundaria o terciaria del trabajo o una copia grabada y solo se permite con un consentimiento expreso por escrito del editor. Todos los derechos adicionales reservados.

La información en las siguientes páginas se considera en general como una descripción veraz y precisa de los hechos y, como tal, cualquier desatención, uso o mal uso de los datos en cuestión por parte del lector, hará que las acciones resultantes sean únicamente de su competencia. No hay escenarios en los que el editor o el autor original de este trabajo puedan ser considerados responsables de cualquier dificultad o daño que pueda ocurrirle al lector tras analizar la información aquí descrita.

Además, la información en las siguientes páginas está destinada únicamente a fines informativos y, por lo tanto, debe considerarse como universal. Como corresponde a su naturaleza, la información presentada no garantiza su validez a largo plazo ni su calidad provisional. Las menciones a marcas comerciales se realizan sin consentimiento por escrito y de ninguna manera puede considerarse que hay un respaldo del titular de la marca comercial.

Índice

Introducción.................................... 6

Capítulo uno: El desarrollo del cerebro y los años maravillosos 18

Capítulo dos: La importancia de la crianza positiva y la disciplina 41

Capítulo tres: Cómo establecer límites sin dañar a mis hijos y por qué los niños pequeños necesitan límites........................71

Capítulo cuatro: Comunicación positiva con su hijo 93

Capítulo cinco: Plan de acción de disciplina y crianza positiva para niños pequeños 113

Capítulo seis: Errores disciplinarios comunes 148

Capítulo Siete: Consejos positivos para padres.....................................177

Últimas palabras 207

Introducción

La disciplina es un arte. Se trata de mostrar a los seres humanos cómo adherirse a ciertos comportamientos a través de técnicas como el refuerzo positivo y el amor incondicional, que es el afecto sin limitaciones ni condiciones. Es importante ser creativos al aplicar las diversas técnicas de disciplina con amor incondicional, porque los seres humanos reaccionan a la disciplina de manera diferente, dicha reacción depende de su temperamento, heredado y creado a través de la naturaleza y la genética, y de su entorno doméstico a través de la crianza. Lo que funciona para un niño puede no funcionar para otro.

Sin una disciplina amorosa, un niño pequeño eventualmente podría volverse un adulto desquiciado, metiéndose en problemas por no tener bien cimentada la diferencia entre lo correcto y lo incorrecto. Esto sería difícil para su familia, para la sociedad y para el adulto indisciplinado, ya que entrará en constantes desacuerdos con los demás por su carácter rebelde. Lo último que alguien quiere es que, debido a la falta de amor y disciplina, su hijo termine en prisión y aparezca en el programa televisivo "Beyond Scared Straight".

La tarea principal de un padre es amar incondicionalmente al niño. Debe enseñarle a su hijo, a través del amor incondicional y la disciplina positiva, cómo adoptar comportamientos y hábitos saludables que lo ayuden a prosperar y progresar en la vida. Cuando el niño tiene la capacidad de aprenderlo, alrededor de los seis meses, es cuando puede iniciar este entrenamiento. Esto ocurrirá tan pronto como un niño tenga la edad suficiente para entender las palabras sí y no. La forma en que entrene y discipline con amor a su hijo es lo que marcará la diferencia en su vida, y con amor incondicional, el niño prosperará. Recuerde, amar incondicionalmente significa aceptar al otro con todas sus imperfecciones, tal como es en este momento.

Un aspecto que voy a discutir en este libro es cómo lograr un equilibrio saludable en la disciplina, llevada a cabo con amor incondicional. Si el padre es demasiado estricto y autoritario en su estilo de crianza y disciplina, el niño podría rebelarse y meterse en problemas de algún tipo. Por otro lado, si el padre es demasiado indulgente y complaciente, el niño podría pensar que no habrá consecuencias para sus acciones. Esto también podría causarle problemas al niño en el futuro. Parecería que la disciplina es algo muy matizado, depende de cada niño y de su nivel de desarrollo. Sea como fuere, amar incondicionalmente significa amar y aceptar al niño. En otras palabras, su amor y cuidado deben ser consistentes, independientemente del tiempo, lugar o situación.

El momento en que más sencillo es enseñar al pequeño ocurre cuando aún se encuentra en los años formativos, en parte porque el niño todavía no ha sido influenciado por el mundo. Además, su mente está más abiertas a sugerencias, ya que todavía está creciendo y su comportamiento es más maleable y adaptable en comparación con la mayoría de los adultos.

Los niños pequeños necesitan más estructura, orientación y disciplina amorosa, pero positiva, para aprender a comportarse y a tratar a los demás. De lo contrario, un escenario probable podría ser similar a la película "Daddy Daycare", donde hay un desenfreno de los niños de la guardería, pues logran hacer lo que quieran, cuando quieran y como quieran. Es cuando debe entrar en juego un modelo positivo que marque la diferencia.

Los padres positivos emplean una crianza positiva para enseñar y disciplinar a sus hijos a través del amor y la disciplina. La crianza positiva es muchas cosas, pero lo más importante:

> La crianza positiva es la relación continua de uno o más padres y un niño o niños que incluye el cuidado, la enseñanza, el liderazgo, la comunicación y la satisfacción de las necesidades de un niño de manera constante e incondicional (Seay et al., 2014, p 207).

En otras palabras, la crianza positiva se realiza a través del amor incondicional y la disciplina a través de las acciones que los padres emprenden para enseñar y convertir a dicho niño en un adulto totalmente responsable que puede gobernarse a sí mismo. Esto podría incluir acciones como enseñarle a ir al baño a través de técnicas de refuerzo positivo, como alabarlo por un trabajo bien hecho. En última instancia, la crianza positiva, el amor incondicional y la disciplina van de la mano porque dan a los niños una estructura para aprender y crecer como individuos completos. Es decir, la disciplina amorosa y el cuidado incondicional se ponen en acción dentro de la crianza positiva no para que se les facilite la vida a los padres controlando a sus hijos, sino para el beneficio total de los niños. En general, el enfoque lo es todo cuando se trata de la disciplina de un niño, especialmente de un niño pequeño.

Se sabe que a veces los niños pequeños hacen berrinche, golpean a otros e incluso prueban sus límites y nuestra paciencia. A veces pueden sacarnos de quicio con sus arrebatos emocionales también. Aquí, el padre encontrará las mejores respuestas a todos los problemas de disciplina con su(s) niño(s). Este libro ayudará a los padres no solo a disciplinar positivamente a su hijo a través del amor incondicional, sino que también los llevará a acercarse, ya que la relación se irá desarrollando poco a poco como resultado de que el padre trabaje con él o ella para generar confianza mutua en el camino. A medida que el padre aplique las técnicas de disciplina positiva, descubrirá que su hijo pequeño se vuelve más apto para trabajar con él o ella, para complacer a su padre con sus esfuerzos y para ser más independiente. Como resultado de las técnicas positivas de crianza y disciplina amorosa de los padres, el niño tendrá una gran probabilidad de convertirse en un adulto responsable.

Por ejemplo, si el niño muerde a otros, un consejo es tratar de reducir su nivel de estrés a través de actividades que alivien su tensión, como tocar música suave u ofrecerle cosas que él o ella pueda morder sin lastimar a nadie más, como anillos de dentición. Las estrategias de orientación positiva y el amor incondicional pueden funcionar cuando el padre expresa qué comportamientos se esperan del pequeño (que siempre es más útil que expresar los que no se desean). Siendo específicos, debe usar un tono firme, pero amoroso, para que el niño sepa que no está permitido morder.

Luego ofrézcale la opción de ayudar al niño mordido si ambas partes están de acuerdo, o que el niño se siente tranquilo por un momento. Cuando un niño ha mordido, es importante hablar con él de nuevo y volver a enfatizar que no está permitido. Finalmente, ofrezca estrategias que el niño pueda emplear para evitar morder la próxima vez. Tal vez incluso deba alentarlo a usar palabras en su lugar.

Una vez que el niño aprenda cosas como no morder, podrá socializar con otros niños de su edad en entornos como una guardería, un campamento o una cita para jugar en un parque. El niño también ganará confianza en sí mismo y en su capacidad de jugar y divertirse con otros niños, al tiempo que podrá expresar sus sentimientos con seguridad mediante el uso de palabras. Como resultado, el padre de dicho niño puede relajarse y disfrutar la cita de juegos también, sabiendo que el niño ha aprendido y aplicado un nuevo conjunto de habilidades. Parecería que la crianza positiva y la disciplina amorosa son sinónimos, pues se centran en resultados positivos y, de paso, preparan el escenario para futuras interacciones.

Puedo prometer que tanto el padre como el niño se beneficiarán con la aplicación del amor incondicional y las técnicas de disciplina positiva explicadas en este libro. Como resultado, tanto el padre como el niño estarán más felices y serán más capaces de convivir en su día a día, a medida que el padre brinde una estructura positiva para que su pequeño aprenda y crezca con amor incondicional y una disciplina adecuada. Además, el padre también puede aprender una o dos cosas de su niño pequeño y así crecer con él, de tal manera que padre e hijo se vuelvan aún más cercanos. Otros padres pedirán consejos sobre crianza a los que lean este libro, ya que también serán testigos del buen comportamiento de sus pequeños. Los resultados positivos son muchos y muy variados, siempre y cuando el padre discipline positivamente a su hijo con amor incondicional, paciencia y disciplina, lo que le proporcionará una estructura sólida mientras crece.

No deje para después el leer este libro, porque el resultado podría ser que el niño ahora y el adulto del futuro sufran las consecuencias de la inacción de sus padres. En resumen, el bienestar y el futuro del niño están en juego. Es posible que su hijo no se convierta en el adulto en el que él o ella es capaz de convertirse. Ahora es el momento de tomar medidas para garantizar su bienestar. Si desea que su pequeño obtenga las recompensas emocionales, sociales y psicológicas y los beneficios de la crianza positiva, el amor incondicional y las técnicas de disciplina, invierta en el presente y futuro del niño adquiriendo este libro ahora. El padre podrá ver la diferencia después de aplicar solo algunas técnicas positivas de crianza y disciplina amorosa.

Sin importar la situación o el entorno, se producirán cambios positivos en el niño, ya que la aplicación de las técnicas positivas de disciplina amorosa y de crianza establecerá el escenario para las interacciones presentes y futuras, a medida que el niño aprenda a conducir situaciones desafiantes, primero con la ayuda de los padres y su amor incondicional, y eventualmente solo. Se necesita tiempo, paciencia y amor incondicional para explicar las cosas varias veces y disciplinar positivamente al niño, pero valdrá la pena porque una vez que el niño comprenda la lección que se le está enseñando, podrá adaptarse a numerosas situaciones a medida que esa lección se aplique una y otra vez. Incluso el niño podría enseñarle a otros niños lo que él o ella ha aprendido. Siempre es una alegría presenciar como un niño pequeño puede aprender y convertirse en una persona pequeña por derecho propio.

Claramente, se presenta el momento de actuar. La mente, las acciones y las reacciones del niño todavía están en sus años formativos, y el padre tiene el poder de moldear y sentar las bases para las interacciones, comportamientos, pensamientos e incluso relaciones presentes y futuras. Todo lo que el niño necesita para tener éxito ahora y en el futuro es el tiempo, la paciencia, el amor incondicional y las técnicas de disciplina positiva que sus padres le podrán otorgar al leer este libro. Si el padre invierte en su pequeño hoy, las recompensas serán infinitas, ya que el padre será testigo de cómo su hijo aprende hasta convertirse en un pequeño ser humano, y eso es algo que no tiene precio.

Capítulo uno:

El desarrollo del cerebro y los años maravillosos

Siempre estamos aprendiendo y creciendo, independientemente de nuestra edad y experiencia. Esto es mucho más cierto para los niños pequeños porque sus cerebros crecen muy rápido. Nuevas conexiones y células cerebrales en medio de neuronas y sinapsis se forman y desarrollan constantemente y, como resultado, se producirá mucho crecimiento y aprendizaje durante esos primeros años. De hecho, el cerebro del niño se volverá cuatro veces más grande para cuando se gradúe de preescolar. Es durante este tiempo de aprendizaje y crecimiento que debemos tener cuidado con la forma en que criamos, enseñamos, guiamos y disciplinamos amorosamente al niño, porque lo que hacemos en el presente como padres puede afectar al niño, todo depende del estilo de disciplina y crianza. De hecho, nuestra tarea principal como padres y cuidadores es amar al niño incondicionalmente, pase lo que pase. Las conexiones resultantes del amor incondicional y la disciplina saludable que se crearán en el cerebro del niño, sentarán las bases para futuros aprendizajes, interacciones, creencias y experiencias en su vida.

Las estructuras son muy importantes en la vida del niño. Él necesita algún tipo de orden en su día a día para funcionar y prosperar. El amor incondicional y las estructuras jugarán un papel muy importante en el desarrollo y crecimiento del pequeño, porque él o ella aprenderá de estas experiencias mientras usted le enseña, guía y disciplina. De hecho, cada nueva experiencia diseña el cerebro del niño a medida que se forman nuevas conexiones neuronales, lo que lo conecta para que funcione y piense de una manera más beneficiosa para su vida. Además, las experiencias repetitivas que el niño experimenta diariamente reforzarán estas nuevas conexiones neuronales que ayudan a moldearlo y convertirlo en un individuo autónomo y funcional. Por ejemplo, un padre necesita mostrarle repetidamente al niño cómo turnarse con otros niños cuando es participante en juegos de desarrollo apropiados para su edad. Es de esperar que esa lección sea recordada debido a la práctica repetitiva.

Desarrollo del cerebro infantil

La neurociencia cognitiva del desarrollo nos muestra cómo la mente afecta al cerebro y viceversa. Esto es aplicable al cerebro en desarrollo de un niño pequeño porque la forma en que él o ella piensa está directamente relacionada con la etapa de desarrollo del cerebro. Por ejemplo, un niño pequeño no comprende que el razonamiento incompleto da como resultado decisiones basadas en procesos de pensamiento distintos a los lógicos. Un ejemplo cotidiano sería que lo que se ve bien o sabe bien puede no ser bueno para que el niño lo ingiera, como un hot dog o papas fritas. Si un niño come una dieta poco saludable, basada en los alimentos antes mencionados, su cerebro no funcionará tan bien como lo haría con una dieta saludable, pues esto afecta el desarrollo y la salud del cerebro físico.

Durante los primeros años, el cerebro en desarrollo está muy activo aprendiendo todo lo que puede, desde la expresión de las emociones hasta los comportamientos socialmente aceptables. Además, diferentes partes del cerebro del niño son responsables de varios aspectos de la información de aprendizaje. Por ejemplo, el lóbulo frontal es capaz de resolver problemas apropiados para su edad y expresar el lenguaje, mientras que el lóbulo temporal es conocido por permitir el habla, las emociones y la memoria. Además, el lóbulo parietal se enfoca más en experiencias sensoriales como la sensación de cierto juguete en la mano. El lóbulo occipital es más visual, lo que ayuda al niño a reconocer formas, números y letras específicas, entre otras cosas. Finalmente, el cerebelo de un niño pequeño es básicamente la base de sus capacidades físicas, es decir, es la parte que le permite lanzar una pelota hacia su amigo.

Además, los niños pequeños, sin duda, aprenden a un ritmo mucho más rápido que los adultos, esto ocurre por el vertiginoso desarrollo de su cerebro en los primeros años. El abundante excedente de neuronas y sinapsis se forma extremadamente rápido en comparación con un cerebro adulto que ya ha experimentado una fijación funcional, lo que hace que las personas de cierta edad vean las cosas con una luz más realista. En contraste, el cerebro de un niño pequeño es más creativo en la forma en que ve las cosas, debido a la novedad de aprender algo nuevo todos los días. Parece que, mientras que el cerebro de un niño está conectado para aprender creativamente, el cerebro del adulto está conectado para actuar y ejecutar, en parte debido a su fijación funcional. Sin embargo, a veces los padres y los cuidadores deben recordar cómo era el mundo cuando eran niños, para comprender mejor a su propia descendencia, sobre todo cuando son tan jóvenes e impresionables.

Consejo rápido: Dado que un niño pequeño es más creativo en cuanto a cómo ve y aprende las cosas, debería mostrarle actividades creativas para estimular esa parte de la mente.

Los niños pequeños son seres humanos muy impresionables y sensibles que necesitan cuidado, disciplina y amor incondicional para convertirse en individuos que se autogobiernen y funcionen en sociedad algún día, con mentes, pensamientos y sentimientos propios. En resumen, el amor incondicional a través de un entorno hogareño receptivo puede acelerar el desarrollo del cerebro del niño.

Dado que el cerebro de un pequeño todavía no está completamente formado, pueden ocurrir berrinches y arrebatos emocionales debido a la falta de habilidades de autorregulación y porque la corteza prefrontal de un niño todavía se está desarrollando y hace que las emociones no estén reguladas. A esto aunamos la carencia de experiencia respecto a muchos aspectos de la vida, experiencia que los adultos sí poseen. En otras palabras, la construcción del cerebro depende de algo más que de la naturaleza. La crianza del niño, el ambiente familiar y sus experiencias también entran en juego para apoyar el desarrollo saludable del cerebro de un infante.

Las capacidades de manejo emocional de un niño de dos a tres años, dependen de la salud de sus sinapsis en el cerebro. La salud de las sinapsis de un niño mejorará con la participación de los padres en actividades y experiencias que fortalezcan el desarrollo saludable del cerebro. Así pues, el niño podrá regular sus emociones como resultado directo. El desarrollo saludable del cerebro es crucial en los primeros años porque se creará una corteza prefrontal más grande que controla las funciones ejecutivas como el autocontrol, la resolución de problemas e incluso la personalidad, lo que, con suerte, dará como resultado un adulto emocionalmente estable, consistente y coherente, un adulto muy lejano al hombre problemático del que se hablaba en la introducción.

Del mismo modo, la inteligencia emocional no debe subestimarse porque es la que nos permite empatizar con los demás, especialmente con nuestros niños en crecimiento.

En ese sentido, el entorno hogareño no debe ser estresante e indiferente, sino propicio y receptivo para que se produzca un desarrollo cerebral saludable; lo contrario no ayuda para nada al pequeño. En resumen, el amor incondicional durante los primeros años es imprescindible en el entorno familiar. Sin embargo, si el entorno principal en el que se encuentra está lleno de estrés negativo, el niño, como resultado, podría desarrollar un tronco cerebral más grande, que es el responsable de nuestra respuesta instintiva de huida, lucha o parálisis al enfrentarnos a algún problema. Esto podría hacer que el niño se acostumbre a manejar situaciones reaccionando exageradamente ante cualquier tipo de estrés, sobrecargando al estrés mismo. El entorno hogareño de un niño lo es todo, porque es donde el cerebro se hace sus conexiones y se programa para manejar las cosas más adelante, en su vida como adulto.

Consejo rápido: Aunque el entorno familiar de un niño es importante para el desarrollo de su cerebro, también es crucial exponerlo a varios entornos para garantizar que el desarrollo no se detenga por acostumbrarse a un solo entorno.

Formas de apoyar el desarrollo saludable del cerebro

El padre debe alimentar al niño con la dieta adecuada que ayude y promueva su formación y función cerebral. Por ejemplo, algunos alimentos que pueden ayudar al desarrollo saludable de las conexiones neuronales en el cerebro de un niño son: el pescado, la mantequilla de maní y frutos secos como las nueces, por nombrar algunos. Esto se debe a que se necesita un poco de grasa para construir la mielinización en el cerebro de un niño pequeño, que es un esfuerzo en el que las conexiones neuronales se envuelven en un material graso para ayudarlo a ser más rápido de manera más eficiente. En otras palabras, se necesita algo de grasa en la dieta del niño para estructurar y conectar el cerebro. Otros alimentos que también ayudan al desarrollo saludable del cerebro son, por supuesto, frutas, como bayas y naranjas; verduras, como las espinacas y el brócoli; y los granos integrales, como la avena y la pasta de trigo. El padre debe ser ejemplo de qué alimentos comer al comerlos él mismo primero, ya que los niños imitan lo que hace mamá, papá o el cuidador en turno, con respecto a una dieta saludable y completa.

Consejo rápido: Para ayudar al cerebro de su hijo a desarrollarse y crecer adecuadamente con una dieta saludable de frutas, verduras, carnes, lácteos y granos, puede intentar disfrazar verduras y otros alimentos saludables como comida rápida o como algo dulce si él o ella es quisquilloso. Por ejemplo, corte zanahorias pequeñas en forma de papas fritas o utilice un cortador de verduras para disfrazarlas como alguna pasta sabrosa.

Los padres y cuidadores también pueden ayudar al niño a desarrollar una función cerebral saludable al realizar actividades cognitivamente estimulantes que involucren las habilidades y destrezas del niño según su edad y etapa de desarrollo. Por ejemplo, las actividades sociales pueden mejorar el desarrollo y el crecimiento del cerebro a través de la mejora de las habilidades lingüísticas del niño cuando se encuentra en entornos sociales con sus compañeros. Un ejemplo de una actividad social podría ser llevar al niño a una cita de juegos para que él o ella pueda relacionarse con otros niños. Explico, cuando los padres u otros niños hablan con el pequeño, su centro de lenguaje en el cerebro aprende esa vocalización particular a través de la repetición. Una o dos palabras y sus sílabas son asimiladas y recogidas bastante rápido por el niño. Esto ocurre cuando los padres o los cuidadores del han modelado las palabras y el lenguaje mediante el habla y la conversación, lo que mejora la comunicación y las habilidades lingüísticas de su niño. Las conexiones sociales fomentan la comunicación y la conversación, sin importar la edad o la etapa de desarrollo.

Otra acción que los padres y cuidadores del niño pueden realizar para fomentar un desarrollo cerebral saludable es inscribirlo en una guardería, preescolar o algún otro entorno social. Esto puede ayudar al niño en muchas áreas, como el desarrollo social y cognitivo y la mejora de habilidades que resultan de ello. Por ejemplo, mi madre me mantuvo en casa cuando era un niño en lugar de ponerme en una guardería u otro entorno social con otros niños de mi edad y nivel de desarrollo. Como resultado, cuando llegué al primer año de jardín de infantes era tan tímido y tranquilo que tuve que repetirlo para ponerme al día con mis compañeros. Supongo que no estaba listo social o cognitivamente para aprender y funcionar con otros niños ese primer año. Aunque es una opción personal llevar al niño a la guardería u otro entorno social, es una elección que puede beneficiar mucho al infante.

Una opción adicional para fomentar el desarrollo saludable del cerebro es darle al niño oportunidades y espacio para correr, jugar y hacer ejercicio. Esto es vital porque un cuerpo sano da como resultado un cerebro sano y viceversa. Además, el ejercicio diario también puede ayudar a desarrollar las conexiones neuronales de tal manera que se formen hábitos y rutinas saludables para la vida a través de la actividad física repetitiva, ya sea correr o escalar en el parque o el gimnasio. Es importante comenzar cuando son jóvenes y están abiertos a sugerencias. Por ejemplo, cuando mi hijo era un niño pequeño, lo llevé a muchos parques locales con la esperanza de alentarlo a jugar y a mantenerse activo con otros niños de su edad. Todavía lo recuerdo corriendo por el parque mientras jugaba al escondite. Sin embargo, junto con el ejercicio del cuerpo también viene el del cerebro mismo.

Apoyar el desarrollo de una función cerebral saludable y, en general, de la mente del niño, se puede lograr con algunas actividades intelectuales estimulantes cognitivamente y apropiadas para su edad, como aprender el ABC y los números. Otra idea es hacer que su niño vuelva a armar el rompecabezas con grandes piezas coloridas que arrojó sobre la mesa de la cocina. Esta actividad se enfocará en que el niño reconozca las formas, mientras que otras actividades podrían enfocarse en que el niño reconozca los colores. El padre podría cantar junto con su pequeño una canción que haya escuchado en Plaza Sésamo, Dora la exploradora o algún otro programa de televisión apropiado para su edad. Otra forma de desarrollar la función cerebral y la mente de su niño es hacer que identifique sonidos como un maullido de gato o un bocinazo de automóvil. A mi hijo le gustaba hacer el ruido de un camión de bomberos y un coche patrulla cuando era niño y corría por la casa. ¡Las actividades intelectuales o cognitivas que puede realizar con su niño son infinitas y muy divertidas!

Hay muchas formas de apoyar un desarrollo cerebral saludable, las más relevantes son las siguientes:

- Una dieta saludable.

- Estimulación cognitiva.

- Entorno social.

- Ejercicio.

- Actividades intelectuales.

Desarrollo cerebral y memoria

Si el niño está experimentando un desarrollo cerebral saludable, entonces él o ella también experimentará una memoria explícita durante los primeros tres años de su vida. Esta memoria explícita es una combinación de memoria episódica y memoria semántica. La memoria episódica es el recuerdo de experiencias, mientras que la memoria semántica está ligada al lenguaje y los números. Esta combinación, que lleva a la memoria explícita de un niño pequeño, le permite recordar cosas como su fiesta de cumpleaños o cómo se ve la letra a.

Otros tipos de memoria que se desarrollan en el cerebro de un niño son:

- A corto plazo.

- De trabajo.

- A largo plazo.

- Autobiográfica.

La memoria a corto plazo de un niño pequeño aún no es muy funcional, dada la falta de desarrollo de la corteza prefrontal hasta aproximadamente los tres o cuatro años. El cerebro del niño no puede contener ni almacenar información por mucho tiempo. Esto afecta directamente la memoria de trabajo del niño porque, dado que él o ella no puede retener información de manera muy eficiente, el niño necesitará muchas repeticiones para aprender algo nuevo, por lo que la disciplina tendrá que intervenir. La práctica repetitiva de una lección de disciplina saludable a veces es necesaria para que un niño pequeño entienda el punto. Sea como fuere, cada niño o niña es diferente en términos de desarrollo y crecimiento del cerebro, diferencias que estriban tanto en el cuidado de su crianza como en la naturaleza. No puedo enfatizar lo suficiente la importancia del amor incondicional, independientemente del entorno en el que el niño esté viviendo.

En un pequeñito, la memoria a largo plazo está más ligada a su memoria autobiográfica porque los niños pequeños recuerdan con mayor fuerza las experiencias personales. Estas experiencias se obtienen mediante la memoria explícita, con la que el cerebro del niño hace una combinación de memoria episódica y semántica. Este tipo de memoria es absolutamente vital para un pequeño en crecimiento, porque le permite recordar eventos como aquellos en los que fue parte de la disciplina positiva, lugares como la casa de la abuela y personas como mamá y papá, quienes ayudan a definir su personalidad. El niño tiene un sentido más fuerte de sí mismo como resultado de esa memoria autobiográfica. Además, podría incluso sentirse más seguro, tener un sentido más fuerte de sí mismo y ser capaz de relacionarse con otros niños de su edad de manera más fácil y eficiente. En resumen, es bueno que el niño tenga tantos recuerdos como sea posible, porque lo ayuda a identificarse y a forjar su carácter.

Es por eso que un ambiente positivo, amoroso y receptivo hace una gran diferencia en cuanto al desarrollo de la mente de un niño pequeño. El desarrollo del cerebro llegará a buen término mucho más rápido y más fácilmente en un entorno en el que el niño sea amado de manera constante e incondicional, sin importar lo que pase. Este desarrollo cerebral progresivo, a través de la crianza y las experiencias, ayudará al niño en muchas áreas de su vida actual y en el futuro. Por ejemplo, algún día, como adulto autónomo, tendrá más probabilidades de conseguir una carrera satisfactoria con su cerebro y mente fuertes. Además, dado que la función de la mente y el cuerpo están conectadas, el niño también se beneficiará de un cerebro sano al tener un cuerpo saludable que lo respalde. Todo está interconectado y dicha combinación, algún día, producirá un adulto sano y estable que podrá pensar y actuar por sí mismo a través del autogobierno del cuerpo y la mente. De hecho, tienes que ser consciente en estos días, como padre o cuidador, de la enorme distracción electrónica que se encuentra en casi todos los aspectos de la vida, para fomentar la creación de un ser humano con una mente lo suficientemente fuerte como para pensar por sí mismo, sin la adición a los medios electrónicos.

Sin embargo, dispositivos electrónicos como tabletas y computadoras portátiles también pueden mejorar el cerebro del niño, dentro de lo razonable. Explico, está bien emplear estos dispositivos electrónicos como ayuda para enseñar, pero no como niñera para apaciguarlo. Además, apaciguar al niño con un teléfono celular realmente no lo ayuda a aprender, dado que a veces uno debe salir de su zona de confort para aprender algo nuevo. Es importante que los padres sean selectivos al presentar lo electrónico como material didáctico, porque mucho tiempo frente a la pantalla, sin importar su tamaño, no es bueno para una mente joven y en desarrollo. Esto puede provocar que el niño se ponga irritable y tenga dolores de cabeza, por nombrar algunas dolencias. Además, el niño con demasiado tiempo frente a la pantalla puede depender menos de sí mismo para pensar y aprender, debido al hecho de que la tecnología de estos días hace mucho del trabajo por nosotros.

Sin embargo, si el padre va a emplear lo electrónico como ayuda para la enseñanza, se recomienda invertir en Leapfrog. Estos dispositivos electrónicos son más amigables para los niños, además de ser apropiados para su edad. Están diseñados para ayudar al niño en el aprendizaje específico de la etapa de desarrollo. Los materiales didácticos Leapfrog son muy útiles porque se centran en las necesidades del niño y lo hacen de manera divertida.

Aprender acerca del desarrollo del cerebro de un niño, de lo que es capaz y de cómo esas capacidades pueden nutrirse a través del medio ambiente, la dieta y el ejercicio, es claramente algo muy valioso. El cerebro físico y su funcionamiento se ven directamente afectados por las actividades cotidianas, por lo que es vital asegurarse de que el niño tenga un ambiente saludable para prosperar. Asegurar el día de hoy una buena salud cerebral para su niño, promoverá una buena salud en todas las áreas de su vida.

Capítulo dos:

La importancia de la crianza positiva y la disciplina

L a crianza positiva y la disciplina son un cambio en el pensamiento sobre la crianza que se centra en lo que el niño puede hacer y aprender con sus habilidades y capacidades en cada etapa de su desarrollo, siempre teniendo en cuenta lo que el niño puede y no puede hacer a su edad. Este cambio de enfoque en cuanto a la crianza de los hijos y la disciplina, se debe en parte a las definiciones anteriores de crianza y disciplina, mismas que prestan más atención a corregir el comportamiento del niño que a mostrarle la forma correcta de hacer las cosas a través de una estructura positiva, buena orientación y amor incondicional. De hecho, la crianza positiva y el cuidado que se dé son las formas de reestructurar no solo el cerebro físico y la mente, sino también el estilo de vida de ambos padres y de los niños pequeños, mediante la adopción y el aprendizaje de nuevas técnicas para guiar al infante mientras se le da la estructura y el amor que él o ella necesita para prosperar.

Sin embargo, reestructurar nuestro estilo y hábitos de crianza, dada la forma en que fuimos criados por nuestros propios padres o cuidadores, puede ser todo un desafío. Ciertos hábitos de crianza se quedan tan arraigados que los hacemos mecánicamente, es decir, sin siquiera pensar en ellos. Un ejemplo se presenta cuando dejamos que el niño use su voz externa mientras está en la casa.

Hay muchos ejemplos de que nuestros padres fueron indulgentes, dóciles y permisivos con nosotros cuando éramos niños, pero si los padres son demasiado estrictos, si tienen una vida donde hay reglas para cualquier cosa, es posible que los niños no tengan suficiente margen para ser niños. Es fácil repetir el mismo estilo de crianza que nos dieron con nuestros niños pequeños. Eso se convierte en una segunda naturaleza después de años de condicionamiento. Aun así, claramente se necesita un esfuerzo consciente para no repetir la historia con nuestros propios hijos, mientras que también se requiere un intento consciente de aprender algo nuevo sobre la crianza positiva y la disciplina.

> Consejo rápido: Está bien no estar de acuerdo con nuestros padres sobre la forma en que criamos a nuestros propios hijos. De hecho, a veces es necesario desarrollar nuevos hábitos para volverse un padre que inculca disciplina de manera positiva.

Su trabajo como padre y como cuidador es amar al niño pase lo que pase. Es importante ser lo más proactivo posible cuando se trata de la crianza positiva del pequeño, en lugar de reaccionar ante las diversas situaciones sin pensar ni considerar a la pequeña persona que necesita su guía y amor. La crianza positiva puede requerir cierto esfuerzo de su parte como padre y compañero, pero valdrá la pena cuando vea que el niño crece y aprende como ser un individuo hecho y derecho.

Es importante recordar que la crianza de los hijos solo puede realizarse en el entendido de que su trabajo principal como padre, antes que nada, es amar incondicionalmente a su hijo; el amor, la empatía y el corazón tienen que estar ahí. La disciplina sin amor es como unirse al ejército, en donde los sargentos de instrucción le gritan para que entienda. Sin embargo, mucho amor y ninguna disciplina hará que un niño haga lo que quiera sin temor a las consecuencias, lo que hará que el pequeño aprenda las reglas de la vida de la manera más difícil, afuera, en el mundo real, durante su vida. En resumen, actúe en nombre de su hijo, utilice las técnicas de disciplina aunadas a su amor incondicional ahora, en este momento, mientras su niño es pequeño y aún está abierta la ventana de oportunidad.

La crianza de los hijos puede ser un desafío, ya que requiere de la práctica repetitiva. Es un trabajo en el que usted y su hijo caminarán juntos, en donde aprenderá nuevos métodos y técnicas a medida que intenta repetidamente guiar al pequeño hacia una estructura correcta mediante su amor incondicional. Es esta estructura la que permitirá que su niño crezca y aprenda qué es lo apropiado y socialmente aceptable y qué no. De hecho, parecería que una crianza poco positiva transforma a los niños en personas que pueden causar problemas sociales, como la violencia doméstica. Lo último que cualquier padre quiere es saber que su hijo adulto ha cometido un delito por no haber podido disciplinarlo a tiempo. Esto es una parte de por qué la crianza positiva y la disciplina son tan valiosas.

Otra razón por la cual la crianza positiva es tan importante es porque produce personas más felices y productivas para la sociedad, personas que son más trabajadoras y que están dispuestas a dedicarse a algo que valga la pena, como volverse formadores de infantes o perseguir una carrera. Las personas felices son más activas, en parte porque gastan menos tiempo y energía preocupándose por cosas que están fuera de su control. Como resultado, las personas felices están más concentradas y son más enérgicas, porque tienen una mejor salud mental, emocional y física. Criar y disciplinar con positividad y amor, es algo que no tiene precio.

Este estilo de crianza fortalece el corazón de nuestra cultura: la unidad familiar. Cuando una familia emplea estas nuevas técnicas, una forma de vida positiva envuelve a dicha unidad familiar y a todos los que llegan a entrar en contacto con ellos durante su vida. Esto tiene el efecto de crear otras estructuras familiares positivas dentro de la sociedad, ya sea en el trabajo o en cualquier otro lugar. Claramente, la crianza positiva y la disciplina pueden aplicarse a más de una situación o unidad social. Parecería que este estilo de crianza y corrección en los pequeños puede llegar a reestructurar la sociedad hasta los niveles más altos.

Consejo rápido: Criar y disciplinar a varios niños requiere creatividad por parte de los padres porque cada niño es diferente emocional, mental y físicamente. Por ello, el niño puede requerir varios métodos de crianza positiva para adecuar la educación a su estilo de aprendizaje, temperamento y habilidad.

Disciplina, edades y etapas

La crianza positiva y la disciplina amorosa tienen que comenzar en alguna parte. La pregunta es a qué edad comenzamos a amar incondicionalmente y a disciplinar a nuestros hijos. Según la investigación actual, está bien comenzar la disciplina entre los cuatro y siete meses. A esta tierna edad, el bebé comienza a agarrar y tirar literalmente de todo lo que puede, porque es su instinto natural. Sin embargo, si su pequeño toma su collar y lo rompe accidentalmente, simplemente aléjese del bebé por un momento, en lugar de gritarle "no" o incluso darle una palmada. Puede llevar un tiempo, pero él o ella acabará entendiendo el mensaje sin necesidad de violencia.

Además, disciplinar a un hijo de siete a doce meses es un desafío muy grande porque el bebé entonces estará más activo y se meterá en casi todo lo que puede. Ahora sería un buen momento para guardar los objetos con los que puede lastimarse sin darse cuenta, objetos como lápices o incluso llaves mal puestas en el extremo de una mesa. Inclusive si el objeto no parece que sea peligroso si el bebé lo agarra, piense de nuevo. Todo es un juego para su pequeño porque está explorando el entorno con su nueva habilidad para gatear y moverse. Sea como fuere, la disciplina a esta edad se proporciona con un método bastante simple: distrae y redirige. Tan solo un cambio en su tono de voz conducirá al niño a donde se desea.

Sigamos adelante, el amor incondicional y la disciplina entre los doce y los dieciocho meses es más exigente, porque parece que no importa cuántas veces instruya paciente y amorosamente al niño para que no sea ruidoso con sus habilidades vocales, un infante en crecimiento simplemente parece no entender lo que se le está pidiendo. Esto se debe, en gran parte, a que los niños pequeños todavía no poseen autocontrol. Además, la memoria de trabajo de un niño aún no está del todo formada. Continúe instruyendo al pequeño con amor y paciencia de todos modos. Tal vez también deba intentar modelar el comportamiento que desea y, en un año más o menos, el niño ya debe haber absorbido todas esas lecciones repetitivas de disciplina.

La crianza positiva y la disciplina que se inculca entre los dieciocho y los veinticuatro meses, son las que intentan afianzar la autonomía del niño. Dado que el niño en crecimiento no siempre puede vocalizar sus fuertes sentimientos, es decir, no puede hacer uso del todo de esa autonomía, la frustración puede llevar a arrebatos y berrinches. En lugar de reaccionar ante el niño cuando él o ella llore, ayúdelo pacientemente a usar palabras. Quizá usted pueda vocalizar lo que el niño frustrado está tratando de expresar con sus propias palabras. Con este tipo de paternidad positiva le mostrará al niño que simpatiza con él o ella y, como resultado, se desarrollará un vínculo más fuerte entre ambos.

En esa nota, la crianza positiva desalienta las nalgadas porque con ellas le enseña al niño que las personas más grandes pueden golpear a las personas más pequeñas. Esto obviamente está mal porque es simplemente una manera que se acostumbra para que el niño escuche y se comporte a través del shock y el miedo. También envía mensajes contradictorios porque, aunque se supone que el padre ama al hijo incondicionalmente, golpear a otro también es todo lo contrario al amor. El amor incondicional no trata de manipular al niño a través del miedo. En cambio, el amor incondicional, junto con la crianza positiva y la disciplina, buscan que el niño sea tratado como una persona por derecho propio, a través de la conocida regla de oro: "no hagas a los demás lo que no te gustaría que te hicieran a ti".

Como ya se discutió, la crianza de los hijos, claramente, necesita del amor incondicional y de la disciplina saludable. La disciplina saludable difiere mucho de la disciplina no saludable; la primera se enfoca en resultados positivos para el niño, mientras que la segunda produce resultados negativos para todos los involucrados. Además, quien ama incondicionalmente siempre busca lo mejor para el ser amado, sin importar la situación, y nunca buscaría lo contrario, aún si se trata de un padre muy rígido o sobreprotector. En resumen, la disciplina saludable es un ingrediente muy necesario para producir un individuo sano y bien adaptado que algún día pueda devolverle el favor, que no deje desamparado a su padre o madre cuando esté demasiado avanzado en años para cuidar de sí mismo. En este sentido, la crianza positiva con amor y disciplina es el pegamento que mantiene unida a la familia a través de las generaciones.

Consejos de disciplina para padres

En cualquier caso, para disciplinar a un niño de una manera saludable a veces debemos aislar la emoción del acto de disciplinar. De lo contrario, las emociones que sienten los padres podrían abrumar y llevar la disciplina a un nivel muy poco saludable, como el abuso. Esto es lo que el padre quiere evitar a toda costa porque el niño pagará el precio máximo cuando tenga problemas para separar las emociones y se arriesgue a repetir la historia al disciplinar a su propio hijo. En cambio, si el padre puede permanecer tranquilo mientras disciplina al niño de una manera saludable, el niño no solo se sentirá seguro, sino que también se sentirá seguro de que el padre todavía lo ama incondicionalmente, sin importar qué.

Lo que el padre también quiere hacer para disciplinar a su hijo de una manera saludable es pensar versus pelear. Esto significa que usted considera de manera proactiva opciones y elecciones de disciplina saludables en lugar de pelear o discutir de manera reactiva entre sí. Además, pelear y discutir usualmente no lleva a ninguna parte. En el mismo tenor, el niño reflejará su comportamiento y lo imitará cuando se encuentre en una situación similar, o cuando menos lo espere. Por lo tanto, es muy importante emplear su mente durante los momentos saludables de disciplina, porque esto conducirá a un resultado más positivo y óptimo para el niño, como sería, eventualmente, aprender a resolver ese problema por sí mismo.

Consejo rápido: Para pensar versus pelear con su niño, intente usar un truco rápido de memoria, como un dispositivo mnemotécnico, un poema o una frase corta para evitar pelear con el niño. Los trucos de memoria le ayudarán a manejar mejor las cosas porque serás más capaz de pensar bajo estrés.

La disciplina saludable también incluye consecuencias para las acciones y empatía. La empatía para entender por lo que está pasando su hijo, dadas las consecuencias cuya ejecución recae en usted. Con empatía puede mostrar que se preocupa por el niño, que le importa el bienestar del pequeño. Sin embargo, preocuparse también requiere que el padre o el cuidador imponga las consecuencias. De lo contrario, el niño podría pensar que puede hacer lo que quiera sin experimentar consecuencias de primera mano. Esto lo haría un niño muy presuntuoso y un ser humano sin límites. Claramente, la disciplina saludable y la paternidad positiva incluyen establecer límites sobre lo que su niño puede y no puede hacer, a través de comportamientos socialmente aceptables.

Otra táctica para recordar, a fin de disciplinar a su niño de una manera saludable, es la del control versus la madurez. Esto es más fácil decirlo que hacerlo, sobre todo con los niños pequeños, porque a veces están fuera de control, con arrebatos emocionales de vez en cuando. Sin embargo, entre más pueda demostrar cierta madurez para su edad y nivel de desarrollo, más control tendrá el niño al realizar la toma de decisiones, en contraposición con el niño fuera de control al que los padres le eligen todo. De cualquier manera, es importante tener en cuenta qué tan maduro puede estar el desarrollo individual de un niño pequeño. En otras palabras, una disciplina saludable comienza con el conocimiento aproximado del nivel de madurez del niño, para conocer, por ejemplo, el desarrollo de su cerebro.

La disciplina saludable se enfoca en la capacidad al enfrentarse a la toma de decisiones y la responsabilidad ante dichas elecciones. Si le da a su hijo opciones derivadas de las estrategias de disciplina saludables, él o ella tendrá que sufrir las consecuencias de esas opciones, ya sean buenas o malas. Con suerte, el niño podrá elegir mejor la próxima vez que se le presente la oportunidad de decidir qué camino tomar. Esto le enseñará la responsabilidad de sus acciones de una manera positiva y saludable. Además, queda completamente contrapuesto ante lo que ocurre con aquellos niños a los que obligan a comportarse de tal o cual manera mediante la manipulación y el control.

Existen muchos consejos de disciplina, pero los más valiosos para una crianza positiva y una disciplina saludable son:

- Aislar la emoción del acto de disciplina.

- Pensar versus pelear.

- Demostrar las consecuencias sin dejar de lado la empatía.

- Control de equilibrio con madurez

- Enseñar que cada elección tiene consecuencias.

Claramente, la crianza positiva y una disciplina saludable buscan mostrar al niño que lo ama a través de sus acciones positivas. Su tarea principal como padre es amar al niño sin importar lo que ocurra. Por eso es tan importante emplear el amor incondicional, aunado a la disciplina saludable, en el marco de una estructura clara y coherente para la edad y el nivel de desarrollo del niño. Eso muestra al niño que a usted le importa. Sin embargo, también es importante tener en cuenta que no todos los niños desarrollan las mismas habilidades con la misma tasa de crecimiento. Cada niño es un individuo único, con sus propios rasgos y características.

El trabajo de un niño pequeño es divertirse y aprender tanto como pueda sobre él y el mundo que lo rodea, dependiendo siempre de su edad y desarrollo. El aprendizaje está relacionado con la palabra disciplina porque implica la adquisición de nueva información en sí misma. En otras palabras, incluso la palabra disciplina implica una experiencia y proceso de aprendizaje positivo, en lugar de las connotaciones negativas que a menudo se asocian con ella. Por ejemplo, el aprendizaje de un medio de arte puede describirse como una disciplina. La disciplina inculcada al niño con amor es, definitivamente, un proceso de aprendizaje para su pequeño y, a veces, incluso para los padres.

Dicho esto, una disciplina saludable que se enseña con amor, tiene que ver más con el niño que con los padres. Esto se debe a que el amor y la disciplina que muestra y demuestra a su hijo pequeño, sirven para beneficiar al niño y a su vida en el momento presente y cuando en el futuro se convierta en adulto. Claro, sería fácil disciplinar a su pequeño para obtener el beneficio del control y la tranquilidad, pero tal vez esa no sea la mejor opción. La disciplina con amor debe centrarse en el niño mismo y no en el padre. Después de todo, el amor de su pequeño es lo que le impulsó a invertir en él al investigar este libro.

La crianza positiva mediante la disciplina saludable que se lleva a cabo con amor, es una opción positiva para guiar y estructurar la vida de su hijo de una manera beneficiosa y constructiva. Del mismo modo, cuando discipline a su niño pequeño, es importante darle opciones que algún día lo conviertan en un individuo estable y bien adaptado en la sociedad. Dos opciones son suficientes para darle a su niño cuando lo discipline de una manera saludable, porque convence al niño de que él o ella tiene control sobre su propia vida y sus elecciones. Además, demasiadas opciones pueden ser abrumadoras para su pequeño.

Las opciones que le dé a su hijo deben reflejar la tarea que le asigna. Por ejemplo, desea que su niño pequeño lo ayude a recoger sus juguetes al final del día. Le da a su niño dos opciones con esta tarea: ya sea recogerlos o no recogerlos. Además, el padre debe estar de acuerdo con ambas opciones porque, de cualquier manera, el niño aprenderá algo. Si su niño elige recoger los juguetes él mismo, aprenderá a ser responsable de sus acciones, en este caso aprenderá que eso es una consecuencia de sacar todos los juguetes de su caja. Si su hijo decide no recogerlos, entonces él o ella aún aprenderá que hay consecuencias por sus elecciones, por ejemplo, puede que esa noche no tenga postre después de la cena. De cualquier manera, su pequeño eventualmente comprenderá que la mejor opción implica que mamá o papá no tienen que hacerse cargo de él.

Es importante que los padres sientan que también tienen opciones cuando se trata de la disciplina amorosa de sus hijos. Las elecciones en sí pueden ser positivas o negativas. Las opciones positivas, como reforzar el comportamiento del niño pequeño, y las opciones negativas, como demeritar el comportamiento del niño, le envían un mensaje al pequeño. Las elecciones son clave para una crianza positiva y para amar incondicionalmente al niño, pase lo que pase.

Refuerzo, castigo y costo de respuesta

Una elección positiva que los padres pueden hacer es dar al comportamiento del niño un refuerzo positivo. Explico, el refuerzo positivo agrega algo valioso que el niño quiere para aumentar sus ganas de comportarse correctamente y obtenerlo. Por ejemplo, si su niño se come los vegetales, entonces podrá jugar más tiempo con sus amigos. En resumen, el refuerzo positivo, básicamente, agrega algo que el niño quiere para fortalecer su comportamiento inicial.

Por otro lado, el refuerzo negativo resta algo que el niño no quiere para reforzar su comportamiento. Por ejemplo, si el niño se cepilla los dientes sin que se lo indiquen, tal vez no necesite realizar una de sus tareas del día. Esto hará que el niño esté más dispuesto a cuidar su higiene dental. El refuerzo es clave para lograr que el niño cumpla con lo que le pide. Fortalece el comportamiento del niño e incluso el vínculo entre padre e hijo. Esto sucede porque el niño y el cuidador se acercan a través de sus experiencias compartidas de crianza positiva y disciplina con amor.

Sin embargo, el castigo es un tema más difícil de abordar debido a la connotación negativa que tiene, ganada porque antiguamente se utilizaba al hablar, sobre todo, de castigo corporal. Dicho castigo no se recomienda en la crianza positiva porque a menudo el padre pierde el control cuando azota al niño con ira. En cambio, el castigo saludable resta algo que el niño preferiría tener, como pasar el tiempo frente a la televisión, con la tableta o ir al parque a jugar con sus amigos. Quitar algo que el niño quiere disminuirá su comportamiento negativo con el afán de volver a obtenerlo.

Por ejemplo, si al niño le encanta ir al parque, pero no cumple con su solicitud de ponerse el abrigo, entonces el niño no va al parque.

El castigo también puede ser positivo porque agrega algo que el niño no quiere para disminuir el comportamiento negativo, una especie de penalización de algún tipo. Por ejemplo, el niño pequeño toma un juguete de su amigo en su cita de juegos. Para castigarlo, el padre podría darle al niño tiempo libre para sentarse tranquilamente con mamá o papá en lugar de dejar que salga a jugar con sus amigos. El castigo positivo también podría incluir darle al niño una explicación severa de por qué le quitaron su juguete favorito por golpear a su amigo. Este castigo funciona como un impedimento a la hora de portarse mal, pues el niño recordará que no es tan buena idea.

Además, el mal comportamiento puede ser desalentado a través de otro mecanismo. El costo de respuesta incorpora un reforzador para aumentar el comportamiento que se desea y un castigo para disminuir el que no. Por ejemplo, supongamos que necesita ir a la tienda para hacer la compra de comestibles durante la semana y el niño no quiere ir. El padre podría darle al pequeño una bolsa con algo de dinero para comprar un juguete o una golosina de algún tipo. Este es el reforzador. Si el niño se porta mal en la tienda de comestibles, mamá o papá podrían quitarle algunos de esos billetes de un dólar, disminuyendo así la probabilidad del niño de comprar un juguete pequeño o un dulce. Este es el castigo por portarse mal. Por lo tanto, el costo que paga el niño está directamente relacionado con su respuesta a la tarea en cuestión. Por último, permite que el niño obtenga el juguete o un dulce o que lo guarde para la próxima vez si no queda suficiente dinero; una vez más, esto reforzará su comprensión de las consecuencias y también le hará responsable de sus decisiones, además puede ser una buena idea para inculcarle el hábito del ahorro para conseguir lo que desee.

Hay muchas formas de enseñar a un niño para que se comporte adecuadamente. Algunos de esos métodos de disciplina incluyen:

- Refuerzo positivo.

- Refuerzo negativo.

- Castigo negativo.

- Castigo positivo.

- Costo de respuesta.

El mal comportamiento es una ocurrencia común para los niños pequeños porque, a una edad tan joven e impresionable, todavía están aprendiendo a comportarse. Además, la memoria de trabajo de un niño pequeño no es lo mismo que la memoria de trabajo de un adulto, por lo que los niños pequeños necesitan de la repetición para comprender qué es lo que están tratando de transmitirles. Un niño pequeño podría comportarse de acuerdo con lo que observa que la gente cercana está proyectando. Por ejemplo, si usted parece molesto por su lenguaje corporal y sus palabras, el niño pequeño podría estar más inclinado a actuar irascible o hacerse el chistoso como respuesta. Sin embargo, si el padre proyecta una apariencia genial, serena, el niño podría comportarse bien porque él o ella reconocerá que no se está contactando con sus payasadas. Una mente y un cuerpo tranquilos son esenciales si quiere criar y disciplinar positivamente a su hijo, con ayuda del siempre presente amor incondicional.

Otro consejo útil para ser un padre positivo y disciplinar amorosamente a su hijo de una manera saludable, es aplicar la consecuencia de manera positiva. Esto significa no darle al niño un ultimátum que suene duro y definitivo, sino explicarle cuál será el resultado de tal o cual acto. Enmarca la consecuencia de tal manera que no parezca algo negativo. Esto es muy importante porque el niño no sentirá que está siendo castigado, aunque recibirá el mismo aprendizaje. Es, en cierto sentido, como la psicología inversa.

Hablando de psicología, una clave útil es recordar el vector de positividad. Se trata de mirar más hacia el lado positivo de las cosas. Le ayuda a criar y disciplinar positivamente a su hijo porque se enfoca en crear felicidad a través de la comparación de lo que es y lo que podría ser. Se ve a las cosas a través de una luz más creativa. Por ejemplo, al evaluar la crianza de sus hijos de una manera puramente lateral y simplemente ver las cosas como son desde su perspectiva, puede que todo parezca menos óptimo, hasta que compare su situación de crianza con otra situación de crianza que sea peor. Entonces empieza a sentirse mejor. En el otro extremo del espectro, cuando compara su situación con algo mejor, comienza a sentirse menos positivo.

Sin embargo, cuando considera lo que debe ser, qué resultados positivos podrían ocurrir, está utilizando su imaginación de manera creativa para mejorar la situación al considerar las opciones más felices y saludables que conducen a mejores resultados en el futuro. Por ejemplo, cuando ve que su hijo se porta mal, puede imaginar lo que podría ocurrir si aplicara las acciones de este libro. Entonces se siente mejor, con emociones positivas como la esperanza hacia el futuro. Por otro lado, si su hijo ya se está portando bien e imagina el peor de los casos, es probable que se sienta menos positivo. Claramente, cuando los padres aplican creativamente su imaginación a cada situación, están creando una experiencia agradable y un resultado, a futuro, más positivo para ellos y sus hijos. ¡La positividad en la crianza lo es todo!

Capítulo tres:
Cómo establecer límites sin dañar a mis hijos y por qué los niños pequeños necesitan límites

E stablecer límites con nuestros hijos nunca es fácil. Esto se debe a que, a veces, las emociones pueden nublar nuestro juicio, especialmente cuando estamos disciplinando a nuestros pequeños. A menudo podemos enojarnos o perder nuestra paciencia y nuestro buen genio cuando tratamos de manejar el mal comportamiento. Aquí es cuando debemos dar un paso atrás e intentar reevaluar objetivamente la situación porque, especialmente en el calor del momento, una mamá o un papá deben crear una estrategia para disciplinar con amor y establecer límites con su hijo de una manera amorosa, sin comprometer el bienestar del niño o su sentido de sí mismo. Esta es una tarea difícil incluso con los padres y tutores más experimentados porque cada niño es diferente cuando se trata de establecer y hacer cumplir los límites. Además, justo cuando crees que tu niño se está portando bien, su curiosidad reinventa las reglas del juego una vez más. Cuando esto sucede es hora de intentar un nuevo enfoque con creatividad y amor. Después de todo, hay más de una forma de comunicarse con su pequeño.

Cómo establecer límites

También es importante enfocarse más en lo que puede controlar como padre al establecer y aplicar límites, en comparación con lo que no puede controlar, como el estallido emocional o las reacciones del niño ante los límites establecidos por mamá o papá. Las reacciones no siempre son resultado de los límites en sí mismos, sino, por ejemplo, a la forma en que mamá o papá imponen esos límites. En otras palabras, el enfoque lo es todo cuando se trata de establecer y aplicar límites de una manera amorosa con su pequeño. Si grita enojado, con frustración, cuando impone límites a su niño pequeño, por supuesto que él o ella va a reaccionar a ello. Sin embargo, si mamá o papá pueden mantenerse tranquilos, frescos y serenos, tal vez el niño también se mantenga igual, pues reflejará la emoción que observa en sus padres o tutores. Como resultado, el niño tendrá más probabilidades de aceptar las peticiones de mamá o papá de comportarse bien. En esa nota, es importante ser amable con su niño cuando establezca y aplique límites. Solo imagine cómo se sentiría si alguien le gritara que hiciera algo. ¿Cómo reaccionaría ante eso? En resumen, trate de ponerse en la misma situación que su niño pequeño, y será menos propenso a reaccionar, lo que probablemente lo haga actuar de mejor manera cuando se trate de establecer y hacer cumplir los límites.

Establecer límites también requiere que sea claro y específico con sus solicitudes, en lugar de ser vago y ambiguo con lo que le pide a su hijo. Por ejemplo, en vez de pedirle a su hijo, de buena manera, que sea amable con su hermanito o hermanita, tal vez deba ser más específico y deba pedirle que la o lo abrace. Esta solicitud es clara y está mucho más definida que el adjetivo "amable". Además, tal vez el niño no tiene mucha experiencia en el lenguaje para comprender lo que realmente significa la palabra "amable", porque es menos sencillo que una simple orden dada. Es importante hablar con su niño pequeño a su nivel, es decir, en un idioma que pueda entender. Además, los niños pequeños necesitan más tiempo y experiencia para comprender las complejidades del lenguaje. Sin embargo, lo que los niños pequeños entienden, generalmente es aquello a lo que les guían sus primeros tutores, una guía amorosa alrededor del misterio del lenguaje que empieza a rebelarse ante ellos.

Consejo rápido: Para convencer a un niño de que incorpore nuevos límites y reglas, sea un ejemplo coherente de cómo quiere que se comporte y actúe. Los niños a menudo buscan ayuda y orientación de sus padres, además de que tienden a imitarlos.

La consistencia también es clave cuando está poniendo límites a un niño pequeño. Si establece un límite claro y él o ella no escucha en la primera oportunidad que se le da para cumplirlo, el padre debe seguir, de manera consistente y reiterada, imponiendo las consecuencias que predeterminó. Esto se debe a que, de lo contrario, el niño no tomará a mamá o papá lo suficientemente en serio como para cumplir con lo que se le pide. Esto seguramente le causará problemas al niño cuando se convierta en adulto. Por otro lado, cuanto más consistente sea el padre en hacer cumplir las normas y sus consecuencias, más probable es que el niño escuche a mamá o papá con más atención, a fin de evadir las consecuencias negativas. Lo último que un padre debe desear es que su hijo pequeño no lo tome en cuenta y haga lo que el niño quiera de todos modos, todo porque se siguen patrones y quizá su padre o su madre no fueron consistentes en el cumplimiento de las consecuencias, por lo que usted tampoco lo es con su hijo.

Sin embargo, establecer límites con los niños pequeños puede ser bastante fácil cuando mamá o papá siguen algunas sugerencias simples. Por ejemplo, los padres podrían frenar el mal comportamiento de su hijo antes de que comience. Esto significa que se deben poner las cosas peligrosas fuera del alcance del niño antes de que ellos puedan obtenerlo. Por ejemplo, si mamá o papá tienen el control remoto en algún lugar del sofá, quizá puedan ponerlo en un lugar más alto, como la mesa de la cocina, para que el niño no pueda cambiar el canal que está viendo o meterse el control en la boca. Claro, sería prudente proteger el entorno del hogar para cuidar de sus niños pequeños, porque entonces mamá o papá tendrían menos razones para disciplinar al pequeño.

Distraer al niño también funciona cuando se trata de redirigir su comportamiento. Por ejemplo, el padre o el tutor podrían invitar al niño a jugar con su muñeco favorito, especialmente porque el niño está golpeando ruidosamente los recipientes que encontró en el armario. Si desea que su hijo cambie de camino en sus comportamientos o actividades actuales, entonces desvíe la atención del pequeño con otra actividad u objeto. Esto funciona porque el niño tiene un período de atención corto de todos modos, y él o ella generalmente no recordarán lo que estaban haciendo antes de distraerlos con otra cosa.

Como seguro ya imaginas o sabes de primera mano, establecer límites puede ser un desafío cuando el niño está exhausto, así que controla el tiempo que duerme a diario. Los niños pequeños necesitan dormir más que los adultos, de dos a cuatro horas más por noche. Además, los pequeños también deben tomar siestas durante el día. Todavía recuerdo cuando mi madre, que dirigía una guardería en casa, hizo que todos los niños se acostaran para dormir un poco después del almuerzo. Toda la importancia que se le da a la rutina diaria, como el horario de sueño de un niño pequeño, se vincula con el establecimiento de límites. Esto se debe a que, si su pequeño está cansado de todos modos, será más probable que se comporte mal y haga berrinche cuando mamá o papá le pidan algo. Además, el sueño es vital para el comportamiento y el estado de ánimo del niño. Incluso los adultos se ponen de mal humor y se portan mal por la falta de sueño.

Ignorar a su hijo cuando se porta mal, también puede ser una estrategia sabia porque, para empezar, si no recibe atención de usted, es menos probable que actúe mal. Lograr que mamá o papá reaccionen no tiene precio para el niño, así que, si mira para otro lado, él estará menos inclinado a comportarse mal y actuar bruscamente. Trate de no mirar al niño porque en el segundo en que le preste atención a su comportamiento, reforzará lo que el niño está haciendo. Sé que esta técnica puede sonar fría, pero le aseguro que, en el futuro, cuando el niño sea un adulto, será menos probable que se comporte mal, porque cuando era un niño pequeño no recibió la atención equivocada.

Es necesario establecer límites con el niño para que algún día se convierta en un adulto sano, estable y autónomo. Sin embargo, será menos probable que esto suceda si el niño no tiene consecuencias por su mal comportamiento. El tutor debe comenzar implementando una regla general para el pequeño, como recoger sus juguetes antes de salir a jugar con sus amigos. Si el niño no cumple con la regla establecida por mamá o papá, es cuando deben advertirle que habrá consecuencias, enseñándole que toda acción provoca una reacción. Si el niño todavía no escucha, haga cumplir inmediatamente la consecuencia. No lo dude, el padre debe ser inquebrantable al establecer las reglas y lo que ocurre al no cumplirlas. Si el niño siente sus dudas, incluso por un segundo, podría aprovecharse de la situación de alguna manera e incluso intensificar su comportamiento.

Otra técnica que la madre o el padre pueden probar para establecer y hacer cumplir los límites con su hijo pequeño, es probar los tiempos de espera, modificados según la edad y el nivel de desarrollo del niño, y el mal comportamiento en sí. Por ejemplo, si su niño pequeño jala cabello cuando lo sostiene en su regazo, quizás baje al niño por unos minutos y exclame "no" en un tono firme. El niño eventualmente recibirá el mensaje, gracias a la práctica repetitiva. Puede pasar algo de tiempo antes de que el niño asocie ese tiempo de espera con el mal comportamiento pero, eventualmente, recibirá el mensaje alto y claro.

Establecer y hacer cumplir límites también se puede lograr haciendo algo más que exclamar la palabra "no" a su pequeño todo el tiempo, aunque esto es más fácil para muchos padres. Por ejemplo, en lugar de simplemente reaccionar con la vocalización de la palabra "no" cuando el niño se porta mal o actúa fuera de turno, quizá debería sugerir una alternativa a lo que él o ella quiere hacer. Si el niño insiste en trepar a los muebles de la casa, quizá le dé la alternativa de ir al parque para trepar por los juegos. Esto mitigará la situación tanto para el niño como para el padre. También es importante que no se utilice en exceso la palabra "no", porque el niño podría no tomarla en serio cuando la escuche en una emergencia.

Consejo rápido: Para implementar límites saludables para el niño pequeño, tal vez debería hacer que un niño mayor, cercano a la edad del pequeño, le muestre su comportamiento y le explique por qué es necesario hacerlo de esa manera, claro, en un idioma que el niño entienda. Esto ayudará a que el pequeño acepte el nuevo límite de forma más sencilla, dado que viene de un compañero y no de una figura de autoridad.

Claramente, hay muchas formas de establecer límites con los niños pequeños, pero algunas de las más importantes son:

- Céntrese en lo que puedes controlar.

- Sea claro y específico.

- Sea consistente.

- Detenga el mal comportamiento antes de que comience.

- Distraiga para cambiar las acciones.

- Monitoree el sueño del infante.

- Preste menos atención al mal comportamiento del niño.

- Haga cumplir las consecuencias.

- Pruebe modificar los tiempos de espera.

- No use la palabra "no" todo el tiempo.

Los niños pequeños necesitan límites porque les ayuda a crear fronteras saludables para mantenerse a salvo. Estas fronteras saludables ayudan a definir lo que el niño puede y no puede hacer mediante la implementación repetida de límites y consecuencias. Además, los límites apropiados ayudan al niño a comprender lo que se espera de su comportamiento en su edad y nivel de desarrollo específicos. Los niños pequeños también aprenden lo que es socialmente aceptable por las reglas que implementa su tutor, creando así límites saludables con la práctica y el tiempo. Del mismo modo, los límites pueden ayudar a los adultos a discernir lo correcto de lo incorrecto.

Sin embargo, los niños pequeños quieren ser independientes porque es importante para ellos tomar sus propias decisiones cuando pueden, esto los ayuda a sentir que tienen su propia voluntad como un individuo por sus propios méritos. Los pequeños trabajan constantemente en la autonomía personal a medida que exploran y, a veces, prueban esos límites y fronteras que hemos establecido para mantenerlos sanos y salvos. Sin embargo, cuando los niños prueban los límites, nosotros como padres y tutores debemos tomar decisiones por ellos. Por ejemplo, cuando el niño lanza un ataque de gritos porque no quiere hacer algo que le ha pedido, debe intervenir el adulto y hacer una elección, porque el niño no tiene el suficiente desarrollo para hacerla solo, por ejemplo, un niño de dos años que todavía está aprendiendo y madurando.

Cuándo elegir por el niño

En otras palabras, los niños de dos a tres años a veces necesitan la ayuda de mamá o papá para decidir qué es lo mejor para ellos, qué es lo mejor para que se conviertan en pequeños individuos coherentes y estables, porque los niños pequeños cambian constantemente, de un minuto a otro, como parte de su desarrollo. Los niños ya están pasando por muchas cosas y esperar que escuchen y se ajusten todo el tiempo no es realista. Esto se debe, en parte, a que, además de crecer todo el tiempo, ellos también están aprendiendo constantemente, por lo que no es de extrañar que puedan frustrarse fácilmente y tener un ataque o un arrebato emocional. El padre, en este punto, debe anular compasiva pero intencionalmente la elección del niño.

Una instancia en la que un padre debe anular el comportamiento de su hijo es cuando el niño se golpea o lesiona a sí mismo y a otros. Esto es obvio porque cuando un niño golpea a otro, o a un adulto, generalmente es una señal de que está abrumado y necesita ayuda de algún tipo por parte de mamá, papá o el tutor. Tal vez incluso pueda ofrecer al niño algo para golpear o patear con seguridad, como una almohada; de esa manera, el niño tiene una forma de expresar esos sentimientos de una manera saludable, sin lastimar a otros ni a sí mismo. Independientemente de lo que haga como padre, es primordial reconocer también las emociones del niño, sin importar cuán exageradas o ridículas puedan parecerle.

Otro ejemplo de cuándo un padre debe anular las elecciones de su hijo pequeño es cuando está haciendo un berrinche. Esto es necesario para evitar que el niño se lastime inadvertidamente a sí mismo o a otros durante la explosión de sentimientos. Una técnica es colocar al niño sobre algo suave, como un sofá, porque con suerte evitará que el niño se lastime durante el episodio emocional. Tal vez incluso ponga algunas mantas en el piso y deje que el niño lo toque. Mientras el niño esté a salvo, permítale expresar las emociones fuertes.

Consejo rápido: Para hacer que un niño termine su ataque emocional, quizá debería tomarlo y pretender que lo va a arrojar. El niño se detendrá de inmediato por la sorpresa. Suena ridículo, pero funciona. En ese momento puede intentar la técnica de distraer con algo más.

Anular la elección del pequeño sobre quitarle repetidamente los juguetes a otros niños, requiere una intervención por parte de los padres para detener el mal comportamiento. Este mal comportamiento a menudo ocurre porque el niño, inconscientemente, le pide ayuda a su tutor para establecer sus propios límites con otros niños. Dado que un niño de dos a tres años de edad generalmente no sabe cómo establecer límites adecuados con sus compañeros, ese debe ser el momento en que intervienen los adultos. El padre o tutor del podría mostrar cuál debe ser el comportamiento, por ejemplo, que quiere ver al niño compartir el juguete con sus amigos.

Hay muchos casos en que mamá o papá deben intervenir en nombre del niño, pero, como se explicó anteriormente, algunos de los más comunes son:

- Cuando el niño golpea.

- Cuando el niño hace berrinche.

- Cuando el niño quita los juguetes a otros niños.

Puede ser un desafío para los padres manejar el frágil equilibrio entre los límites y la libertad de su niño pequeño porque, por un lado, desea mantenerlo a salvo y, al mismo tiempo, permitir que explore el mundo que lo rodea. Esta libertad no tiene precio para su hijo, pero su hijo no tiene precio para usted. Por lo tanto, es importante contrarrestar el valor inconmensurable del pequeño con el valor de la curiosidad del niño por aprender sobre lo que lo rodea. Debe ser selectivo cuando elige intervenir, porque lo último que quiere hacer es comprometer el bienestar y la felicidad de su hijo.

El bienestar y la felicidad de su hijo, tanto en este momento como cuando se convierta en un adulto, depende de los padres al establecer y hacer cumplir límites razonables y saludables. De lo contrario, el padre o tutor podría arriesgar el bienestar y la salud del niño, además de comprometer su futuro, porque podría no comprender la relación de causa y efecto de las elecciones que conducen a las consecuencias y de las consecuencias que conducen a mejores opciones. Esta relación afecta todo en la vida del infante, desde cómo piensa ahora hasta cómo vivirá como adulto. Por lo tanto, no aleje a su hijo de una oportunidad de aprendizaje que beneficiará positivamente y de muchas maneras su vida, por ejemplo, que al convertirse en un adulto sea capaz de entender y responder a las consecuencias de sus acciones. Puede ser tentador ser permisivo para no ver a su hijo molesto como resultado de las consecuencias forzadas, pero recuerde que las emociones son temporales, mientras que las lecciones aprendidas duran toda la vida.

Un niño en crecimiento se convierte en un adulto autónomo que funciona de manera óptima en la sociedad, porque ha aprendido a internalizar y comprender la necesidad de los límites. Sin ellos, las personas simplemente harían lo que quisieran cuando lo quisieran, sin tener en cuenta cómo pueden afectar a otras personas y a sus propias vidas. Como resultado, la sociedad sería caótica. Los miembros funcionales de la sociedad entienden que los límites nos mantienen seguros, pues definen lo que es socialmente aceptable. Por ejemplo, es aceptable y posible interactuar con las personas, al mismo tiempo que respeta su espacio y sus límites personales.

Explico, los límites y fronteras enseñan a los niños lo que pueden hacer, o no, con respecto a sus acciones y comportamiento, que también da forma a sus pensamientos. En otras palabras, cuando ese niño sea adulto, tendrá patrones de pensamiento directamente vinculados no solo a los límites enseñados, sino también a las emociones vinculadas a cómo se le enseñaron esos límites. Por lo tanto, si los padres o tutores emplean cuidadosamente la crianza positiva y una disciplina saludable en el momento oportuno, el niño se beneficiará ahora y también más adelante en su vida. Esto se debe a que, como adulto, no solo podrá distinguir lo correcto de lo incorrecto debido a la causa y el efecto, sino que también tendrá una gran capacidad para discernir lo correcto de lo incorrecto en su propia vida.

Capítulo cuatro:

Comunicación positiva con su hijo

Es importante que primero dejemos en claro qué es la comunicación. Ésta se define libremente como el intercambio o transmisión de información. Dicho intercambio de información permite a los seres humanos actuar y reaccionar entre ellos y el mundo que los rodea, de tal manera que las personas puedan discernir e interpretar el mensaje recibido. Es este mensaje el que determina la próxima respuesta y, por tanto, el próximo mensaje. De hecho, la comunicación es casi como un ciclo de retroalimentación con entradas, salidas, acciones y reacciones.

Una parte crucial en la crianza de los hijos es la comunicación positiva, porque comunicarse de esa manera prepara el escenario para que se siga ese rumbo entre los compañeros, familiares y amigos. Además, la forma en que los padres, otras figuras adultas e incluso los compañeros en la vida del niño se comunican a través de palabras y lenguaje corporal, hace la diferencia, porque el niño todavía está aprendiendo sobre el mundo y sobre otras personas a través de la comunicación. Si las personas se comunican con el niño de una manera feliz y optimista, el pequeño puede pensar que el mundo es un lugar feliz y optimista. Pero si los compañeros del niño se comunican con él de una manera impaciente y con enojo, el niño podría pensar que el mundo es un lugar impaciente e irascible. Sin embargo, la comunicación positiva con el niño tendrá un efecto beneficioso en todo y en todos dentro del mundo del niño, e incluso dentro de su mundo cuando se convierta en un adulto.

La comunicación positiva con el niño debe comenzar primero con el padre o tutor, desde cómo él o ella enmarca sus palabras, hasta el tono de la voz del padre e incluso su lenguaje corporal cuando interactúa con el niño. El pequeño captará las señales de comunicación y las señales que los padres emiten y proyectan en el día a día. Además, el niño también reflejará las proyecciones emocionales de sus padres y responderá con sus propias formas de comunicación, dependiendo de su etapa de desarrollo, experiencia y crianza. Si el padre o el tutor enseña al niño una comunicación positiva, es más probable que el niño responda al padre de una manera más productiva y positiva, puesto que así se promueve el bienestar del infante y la relación entre el padre y el hijo. La comunicación de una manera abierta, directa y constructiva, acerca a las personas y las lleva a comprenderse entre sí.

Consejo rápido: Es importante comunicarse con el niño en un lenguaje adecuado a su nivel de desarrollo, para ayudarlo a comprender lo que se dice. No es buena idea hablar con el nivel de habilidad lingüística de los padres, puesto que no se busca una comunicación unilateral.

Consejos para fomentar la comunicación

Una acción que los padres pueden tomar para comunicarse de manera más positiva, es proyectar un comportamiento tranquilo, en parte porque los niños no solo imitan lo que ven y oyen, sino que también pueden responder a la forma en que los padres se presentan. Por ejemplo, si la apariencia del padre incluye cejas fruncidas y labios fruncidos, es más probable que su hijo reaccione de la misma manera. Pero si la apariencia del padre incluye una expresión facial y un lenguaje corporal relajado, será más probable que su hijo responda de una manera alentadora para facilitar la comunicación. La forma en que los padres se presentan y se proyectan hace la diferencia, porque cada interacción que los padres tienen con sus hijos establece el ritmo para futuras interacciones similares en la familia y, más tarde, afuera, en el mundo real.

Otra acción que los padres pueden emprender para comunicarse de manera más positiva con sus hijos es mantener un buen contacto visual. Esto es útil para comunicarse con el niño porque no solo llama su atención, sino que también mejora la conexión especial que existe entre padre e hijo. Con mucha frecuencia, los padres miran sus teléfonos celulares o computadoras, por lo que iniciar el contacto visual es una buena manera de disminuir esas distracciones electrónicas. El contacto visual es, claramente, muy importante, porque mirar directamente a los ojos del niño le permite al padre evaluar qué dirección tomar a continuación como respuesta a su pequeño. Esto es útil en la crianza de los hijos porque los ojos de un individuo generalmente muestran lo que él o ella está pensando y sintiendo. Los padres pueden, a su vez, utilizar esta información para comprender al niño en ese momento en particular, especialmente cuando tiene problemas para usar palabras, es decir, durante las primeras etapas de su desarrollo.

La comunicación positiva también incluye conversar con el niño en vez de sólo hablarle al niño. Cuando el padre habla al niño, es menos probable que éste escuche, porque hablarle generalmente hace que el niño no reciba la atención que merece en primer lugar. Además, parece que hablarle al niño es para beneficio de todos, excepto de él mismo. Por otro lado, cuando el padre conversa con su hijo, es más probable que escuche, porque la comunicación es más personal y directa en comparación con la otra, impersonal e indirecta. La forma en que el padre conversa con el niño hace una gran diferencia en cuanto a cómo él o ella percibe al padre y al mundo en sí, así que tenga cuidado de hablar con su hijo como le gustaría que le hablaran a usted mismo.

Además, la comunicación con el niño también se vuelve más fácil si el padre o el tutor están muy cerca de él, en contraste con quienes hablan (o gritan) con una habitación de por medio, en parte porque la cercanía física transmite el mensaje de que realmente está allí para su niño. Si el padre está muy cerca del niño, también será más probable que el pequeño se comunique con el padre. La comunicación con el niño simplemente no funciona si el padre está físicamente lejos del receptor del mensaje. En resumen, está bien estar físicamente cerca y, al mismo tiempo, respetar su espacio y sus límites personales.

Además de estar cerca del niño para mejorar la comunicación, el padre debe estar físicamente orientado hacia el niño, lo cual también puede marcar la diferencia. Esto se debe a que, aunque el padre puede estar muy cerca del niño para tener una conversación, si le da la espalda probablemente tendrá como resultado una menor calidad de interacción, porque dar la espalda puede ser sinónimo de muchas cosas negativas para el infante. Lo último que el padre quiere hacer es darle a su hijo la impresión de que lo está ignorando o de excesiva frialdad. Claramente, enfrentar al niño cuando interactúa y se comunica envía la señal de que el padre valora a su hijo al prestarle toda su atención.

La comunicación positiva también debe adecuarse al nivel de desarrollo del niño. En otras palabras, no insultes al niño hablando con él o ella como si todavía tuviera unos meses. Esto realmente no ayudará al desarrollo del niño porque el padre estará hablando por debajo del nivel de capacidades de lenguaje que el niño ya posee; lo mismo ocurre si habla a su nivel de adulto, porque el niño no alcanzará a comprender totalmente y se sentirá menos o responderá de mala manera. En cambio, hable con él a su nivel. También es aconsejable que introduzca poco a poco en el idioma del niño, palabras y estructuras que estén un poco por encima de sus capacidades de lenguaje, a la vez que se reafirman las ideas al nivel del pequeño. De esa manera, el niño también podrá experimentar un crecimiento en sus capacidades lingüísticas, lo que le permitirá una comunicación más fácil entre él y los adultos a su alrededor.

Una parte integral de la comunicación positiva es escuchar. Escuchar es una parte tan obvia de la comunicación que las personas a menudo lo dan por sentado. Sin embargo, es tan importante como hablar cuando se interactúa con un niño. El problema es que las personas generalmente escuchan respuestas y no entienden lo que se está comunicando. Claramente, es importante escuchar al niño porque lo ayuda a sentirse comprendido y validado.

La comunicación positiva con el niño también incluye permitir que exprese sus sentimientos; si el padre o el tutor hace esto, es más probable que el niño hable con él si está enojado, triste o contento. El padre o tutor también podría involucrar al niño en algún tipo de deporte u otra actividad física para expresar y liberar sus sentimientos. Es importante darle al niño una salida segura para los sentimientos, porque esto mejorará la comunicación entre ambos, siempre y cuando el niño exprese y libere esas emociones primero. Incluso los adultos, muchas veces, necesitan una salida segura para expresarse.

Consejo rápido: Otra salida para los fuertes sentimientos del niño pequeño podría ser incursionar en algo creativo, como la pintura o el dibujo, ya que es una forma de expresión en la que el niño podría participar. Incluso las pinturas con los dedos pueden ser terapéuticas.

Hay muchas maneras para que los padres fomenten la comunicación positiva, algunas de ellas son:

- Proyectar un comportamiento tranquilo.

- Usar y mantener contacto visual.

- Conversar con el niño y no hablar al niño.

- Estar cerca.

- Orientar la posición del cuerpo hacia el niño.

- Comunicarse al nivel del niño.

- Escuchar activamente.

- Dar salida para expresar sentimientos reprimidos.

Información privilegiada sobre la comunicación positiva

Al intentar comunicarse con un niño pequeño, es vital hacer preguntas directas porque a veces puede frustrarse o sentirse abrumado si el tutor usa un lenguaje descriptivo y detallado, uno que esté por encima de su nivel de desarrollo del lenguaje. Es mejor usar un lenguaje corto, simple y al grano, porque esto es lo que los pequeños entienden mejor. Por ejemplo, cuando haga preguntas de "sí" o "no", manténgase en la estructura básica de las oraciones con sujeto, verbo y predicado, porque es más claro y conciso para un niño de dos a tres años, que se maneja con oraciones como "ir rápido al auto". En resumen, el padre o tutor mejorará las interacciones comunicativas entre él y el niño mediante el uso de un lenguaje franco y sincero que aborde directamente el problema.

Comunicarse con el niño de una manera positiva también incluye ponerse a la altura de sus ojos, la razón es lograr que el padre no parezca tan imponente con una silueta más grande que la del infante. Por ejemplo, tenía unos cuatro años cuando conocí a Goofy en Disneyland y me asusté tanto de su altura sobre la mía, que corrí y me escondí detrás de las piernas de mi madre como una respuesta directa a la situación. Del mismo modo, llegar al nivel de los ojos del niño hará que los padres parezcan más amigables y disponibles para ellos. Esto definitivamente mejorará la comunicación entre padres e hijos.

La comunicación positiva con el niño también depende del tono de voz del padre o tutor. Por ejemplo, si el padre cambia su voz para que suene áspera y firme cuando se comunica con el niño, es más probable que reaccione en lugar de pensar en lo que el padre está tratando de decirle. Por otro lado, si el padre modula su voz para que suene más uniforme y tranquila, el niño tendrá más probabilidades de considerar lo que se está diciendo. Esto ciertamente mejora la interacción entre padres e hijos.

¡Hacer tiempo para hablar con el niño es muy importante! De lo contrario, el niño puede sentirse desatendido o descuidado hasta cierto punto, por ello el padre debe tomarse el tiempo para interactuar con él o ella a diario. Incluso si es solo durante diez minutos al final del día, el niño se sentirá más amado y aceptado si el padre o tutor hacen tiempo para comunicarse e interactuar. Esto se debe a que la atención de mamá y papá no tiene precio para un niño pequeño.

Una forma de hacer tiempo para interactuar con el niño es entablar una conversación apropiada para su edad durante las tareas cotidianas. Quizá mientras recogen juguetes juntos, o podrían entablar una conversación mientras leen alguna historia antes de dormir. No importa lo que haga el padre para comunicarse, es importante hacer el tiempo para que esa comunicación se lleve a cabo.

Escuchar activamente al niño también es de gran valor porque le muestra que el padre o tutor está más interesado en lo que tiene que decir, en comparación con quienes solo escuchan y no buscan comprender realmente el mensaje del interlocutor. El padre debe usar su lenguaje corporal, además de sus palabras, para comunicarse con el niño y demostrar que está escuchando activamente. Por ejemplo, tal vez el padre podría hacer un gesto con la cabeza para mostrar que está escuchando activamente, podría asentir con la cabeza moviéndose de arriba abajo mientras el niño habla. El padre también podría estar de acuerdo verbalmente para alentar al niño a hablar con él y, además, repetir lo que el niño ha dicho, por ejemplo: "¿Dices que el coche es tu juguete favorito?"

Otra razón por la que le lee libros al niño es que es otra forma de comunicarse con él, porque el padre o tutor no solo pasa tiempo con el niño, sino que también puede expresarle palabras positivas a su hijo a medida que le lee. Esta es, definitivamente, una comunicación positiva con el niño en crecimiento, porque también aumentará sus capacidades de lenguaje con nuevo vocabulario, permitiendo así una mayor comunicación entre ambos. Intente leerle libros al niño todos los días, ya que esto aumentará el tiempo de vinculación en el que el padre se conecta con el pequeño. Esto también incrementa la probabilidad de que el niño responda a los libros apropiados para su edad, especialmente si hay imágenes en el libro de artículos cotidianos que puede reconocer dentro de su propia rutina diaria.

Además, el padre podría incluso jugar con su niño pequeño utilizando algunos de los juguetes de la misma manera que el niño. Por ejemplo, papá podría jugar con los trenes a escala con su hijo, empujándolos a lo largo de las vías de juguete y diciendo "chu, chu" como su niño. Intente dejar que el niño dirija la sesión de juego mientras mamá o papá lo siguen. Además, también es bueno jugar un poco con el niño todos los días para alentar la imaginación e incidir en diversas áreas en el desarrollo del infante. De hecho, parecería que el arte creativo del juego es beneficioso para todos los involucrados, especialmente para el niño pequeño, porque le muestra al niño varias cosas, cómo tomar turnos y cómo ganar o perder. Estas lecciones se llevarán hasta la vida adulta también.

Como se mencionó anteriormente, cuando uno se comunica con un niño pequeño, es importante usar un lenguaje positivo. Recuerde que se deben evitar palabras como "no" o "prohibido" a menos que el padre o tutor realmente necesite usarlas para una emergencia, como ver al niño corriendo a la calle de repente. En vez de eso, cambie un poco el enfoque e intente parafrasear y enfatizar la acción que se quiere que el niño realice.

Además, trate de excluir las palabras que avergüenzan, insultan o ridiculizan al niño, porque esto solo llevará a que el niño se desconecte de los padres debido a que se siente menospreciado. Por otro lado, las palabras compasivas producen niños pequeños positivos y felices que desean interactuar y comunicarse más con el mundo que los rodea. La comunicación positiva es una parte importante del desarrollo del niño, porque lo motiva a interactuar con otras personas y a descubrir el mundo más grande que se encuentra más allá de mamá y papá.

Existen muchos métodos para mejorar la comunicación con su hijo, estos incluyen:

- Ser directo.

- Bajar al nivel de los ojos del niño.

- Cuidar el tono de voz.

- Tomarse un tiempo para hablar.

- Escuchar activamente.

- Leer libros.

- Usar lenguaje positivo.

La comunicación positiva con el niño requiere que el padre o tutor sea más sensible y consciente de las necesidades del niño. También requiere que los padres tengan en cuenta que su hijo es un individuo por méritos propios, con capacidades lingüísticas crecientes y necesidades exclusivas de su edad, su nivel de desarrollo, las experiencias, la crianza y otras características niño. Cuando las personas dicen que los niños son un producto de su entorno, están en lo correcto, porque los niños internalizan y emulan lo que observan que sus padres y tutores hacen y comunican día a día. Si mamá y papá son positivos a diario, su hijo también será más positivo, ya sea ahora o en el futuro. Es importante recordar que su pequeño busca que le brinde su orientación y que le explique qué estructura seguir mediante una comunicación positiva.

Capítulo cinco:

Plan de acción de disciplina y crianza positiva para niños pequeños

La crianza positiva y la disciplina van de la mano porque ambas trabajan juntas para darle al niño la mejor vida posible a través de la estructura, la orientación y la enseñanza con amor. Están intrínsecamente conectados porque la paternidad positiva necesita una disciplina saludable para tener éxito y la disciplina no es tan efectiva sin el amor incondicional. Además, la crianza positiva y una disciplina saludable le dan al padre y al niño un equilibrio sano para convivir, ya que ambos son respetados, entendidos y muy queridos. Por lo tanto, parecería que la crianza positiva y la disciplina son bastante interdependientes.

Sea como fuere, la crianza positiva y la disciplina no siempre van tan bien como a los padres les gustaría, especialmente cuando los padres intentan presentarle al niño algo como un nuevo límite. Es entonces cuando los padres deben hacer todo lo posible por ser pacientes con el niño y su proceso. Sin embargo, todos los padres tienen su punto de quiebre cuando reaccionan a la situación en lugar de pensar en lo que es mejor para el niño. Aquí es cuando deben mejorar su papel como padres para manejar la situación lo mejor que puedan sin comprometer al niño o a ellos mismos. Después de una dificultad, es importante restablecer una sensación de normalidad tanto para el niño como para el padre, para que ambos puedan comunicarse e interactuar nuevamente de manera saludable.

Consejo rápido: ¡Está bien que mamá, papá o el tutor se tomen un tiempo para reunirse, centrarse y ordenar sus pensamientos antes de regresar al increíble trabajo de ser padres! Tome un respiro si está demasiado volcado emocionalmente.

Habilidades para minimizar peleas y gritos

Para que la crianza positiva y la disciplina funcionen, los padres deben prestar atención a lo que pueden controlar, en lugar de estar pensando en lo que no; sobre todo cuando se trata de criar al niño lo mejor que pueden dada la situación y sus habilidades. El padre no puede controlar la reacción del niño a los nuevos límites, pero puede controlar su respuesta a la reacción del niño ante dicho límite. Lo último que los padres quieren hacer es perder la calma porque el niño verá que puede presionarlos. Es importante recordar que, como padre, usted tiene el poder y la autoridad para guiar y disciplinar al niño de manera saludable. Esta es una gran responsabilidad y debe manejarse con el mayor cuidado, amor y consideración por el niño.

Sin embargo, a veces a un niño pequeño le gusta discutir con sus padres sobre el nuevo límite establecido porque está molesto por no tener control sobre su propia vida y sus propias elecciones. Sin embargo, el niño no siempre puede tomar sus propias decisiones dada su edad y cosas como la etapa de desarrollo en la que se encuentra. Además, cuando el niño pequeño sufre un ataque o se enoja, es fácil que se sienta frustrado con la situación. Es entonces cuando el padre debe desconectarse para mantener la compostura suficiente para pensar qué sería lo mejor para el niño en este momento.

Incluso si el niño pelea con usted, no discuta. Discutir con un niño pequeño no logra mucho de todos modos. Ser combativo con el niño le da la oportunidad de sentir que recupera algo de autonomía y control. El niño podría incluso intensificar su conducta para ver cómo reacciona el padre si lo empuja a la discusión. Aunque puede ser tentador discutir con un niño de tres años, se recomienda no ceder, porque el niño ha logrado algo conocido como la curva de extinción.

La curva de extinción ocurre cuando una acción específica se detiene en respuesta a otra acción, como un padre que acepta la demanda o solicitud inicial de la mendicidad y la queja de su hijo. Cuanto más se queja el niño, más espera que ceda su padre. Si el padre acepta, entonces el niño ha alcanzado la extinción de los límites o reglas del padre. Por otro lado, si el padre se desconecta repetidamente de los quejidos del niño, el pequeño eventualmente aprenderá que mamá y papá no van a rendirse. Como resultado, el niño deja de quejarse, lo que lleva a una extinción del mal comportamiento. En resumen, la curva de extinción también funciona a favor de los padres.

Una vez que se ha detenido el comportamiento inicial de lloriquear, quejarse o lanzar ataques, también es importante que los padres estén de acuerdo con el niño, en contraste con estar en desacuerdo cuando discuten. Por ejemplo, el padre podría estar de acuerdo con el niño sobre cómo se siente en respuesta al nuevo límite implementado y mostrar empatía hacia él. Estar de acuerdo sobre algo que el niño entiende y valora también tiene el efecto de extinguir el comportamiento del niño. Esto ocurre porque el niño verá que mamá, papá o el tutor entienden dónde está parado con respecto a la situación de ser vulnerable e indefenso como un niño de tres años. El acuerdo en lugar de la pelea es claramente más efectivo para ayudar al tutor a criar positivamente l pequeño, con una disciplina saludable y un amor incondicional.

Sin embargo, la crianza de los hijos y la disciplina pueden ser desafiantes cuando su pequeño no quiere escuchar. Los niños pueden discutir hasta que estén azules con tal de exponer su caso. A veces la discusión puede llevar a que se levante la voz e, incluso, a los gritos. Esto puede deberse a que la corteza prefrontal de los niños pequeños aún no está completamente desarrollada, lo que significa que la habilidad de un niño para la regulación emocional todavía no está ahí. La falta de dicha habilidad puede conducir a crisis emocionales cuando el niño se sienta frustrado. Del mismo modo, cuando tanto el niño como el padre gritan, es porque falta algún tipo de habilidad. De hecho, la razón principal por la que los nuevos padres gritan es porque carecen de las habilidades para criar y disciplinar positivamente a su hijo. En resumen, gritar es más fácil, pero es una forma mucho menos efectiva de convencer al niño de que acepte los términos acordados.

Los gritos también ocurren porque a veces somos egoístas. En resumen, el padre quiere insistir en salirse con la suya sin considerar realmente qué es lo mejor para el bienestar del niño. La pregunta es si el padre está gritando al niño porque está personalmente irritado con él o ella, o si el padre está tratando de cuidar al niño y su bienestar. Y aunque es menos difícil gritar y gritar, es más perjudicial para el niño porque, como resultado, él o ella reflejarán definitivamente el comportamiento de su tutor. El padre necesita encontrar una forma más efectiva de cuidar y educar al niño.

Claramente, minimizar las discusiones y los gritos entre un padre y un niño requiere cierta habilidad, algunas de esas habilidades son:

- Preste atención a lo que puede controlar.

- Desconéctese.

- No discuta.

- Use la curva de extinción para disminuir las discusiones.

- Llegue a un acuerdo con el niño después de una discusión.

- No grite para nada.

- Sea consciente de que los motivos egoístas son los que acarrean gritos.

La crianza positiva y la disciplina con amor se vuelven difíciles cuando el padre se enfoca tanto en estar molesto que olvida su papel en la vida del niño. Obviamente, esto no es bueno porque el niño puede usurpar al padre si el padre está experimentando un dilema de identidad al olvidar su papel en la vida del niño. Este tipo de inversión de roles sería perjudicial para el niño pequeño, especialmente si termina incidiendo en la crianza del niño. La disfunción superaría la vida y el hogar del niño, y de eso no se trata la crianza de los hijos. La crianza de los hijos se trata de amar y criar a un ser humano sano y funcional, que será capaz de gobernarse a sí mismo algún día, y no al revés.

El padre, en el caso anterior, necesita tomar conscientemente la decisión de criar y cuidar al niño y luego cuestionar cómo se va a esmerar en ser un padre positivo sin perder la calma todo el tiempo. De hecho, parecería que la crianza positiva es más que una decisión consciente, es una forma de vida tanto para los padres como para el niño. Claramente, esta forma de vida es más saludable porque pensar con habilidad y actuar conscientemente es bueno para todas las partes involucradas, en contraste con quien solo reacciona y responde emocionalmente a la situación.

Plan de acción detallado para cambiar el comportamiento

También es bueno que el padre sepa que el niño comprende y asimila más de lo que puede expresar y vocalizar a esta edad o fase de desarrollo. Esta es la razón por la cual es importante centrarse en explicar lo que está en el presente y lo que podría estar en el futuro inmediato. De esta manera, el niño comprende mejor lo que está sucediendo y lo que debe suceder para poder modificar el comportamiento y corregir la situación hasta que se vuelva algo óptimo para la vida del niño. Todo lo que se necesita es un poco de delicadeza en el lenguaje para dar la explicación a tu pequeño.

El siguiente paso, después de detallar y explicar el presente y el futuro inmediato, es practicar lo que se acaba de predicar. En otras palabras, el niño necesita que usted modele el comportamiento que desea de él o ella. Tal vez incluso actúe el nuevo estándar de comportamiento para transmitir el punto al niño. En otras palabras, las palabras son un comienzo, pero luego se toman medidas para cambiar el comportamiento del niño, en lugar de centrarse en el comportamiento incorrecto. Otra cosa importante es que cada niño tiene un estilo de aprendizaje y una curva diferente cuando se le enseña el nuevo estándar de comportamiento.

Consejo rápido: Intente intercambiar su rol con el del niño pequeño para transmitir el punto cuando enseñe algo nuevo. Esto ayudará al niño a comprender mejor la necesidad del nuevo comportamiento, ya que el padre juega al niño y el niño finge ser mamá o papá.

Sin embargo, para que esto suceda, el niño tiene que calmarse primero, especialmente si él o ella estaba haciendo un berrinche o le gritaba a mamá. Una buena idea para que el niño se calme es asignarle un lugar para relajarse, como sentarse en el sofá durante unos minutos, lejos de otros niños u otras distracciones. Una vez que el niño se ha calmado, entonces está bien enseñarle el nuevo estándar de comportamiento. Incluso los adultos tienen dificultades para concentrarse cuando están molestos.

Sea como fuere, es importante que el adulto en la relación padre-hijo le enseñe al pequeño algunos pasos para tener éxito en el aprendizaje de un nuevo comportamiento. Esos pasos incluyen:

- Que el niño pequeño aprenda a seguir las instrucciones del tutor.

- Enseñar al niño a recibir un no por respuesta y a aceptar críticas de comportamiento.

- Enseñar al niño a aceptar las consecuencias.

El primer paso es aprender a seguir las instrucciones de mamá o papá. Tal vez mamá o papá podrían modelar el nuevo comportamiento para mostrarle al niño al principio lo que debe hacerse, es decir, para que el niño entienda el comportamiento requerido en lugar de solo hablar sobre ello. Además, los niños pequeños observan cuidadosamente lo que hace en comparación con lo que dice como padre.

El segundo paso es enseñarle al niño a recibir un "no" por una respuesta y una buena crítica de la mala conducta inicial. El padre podría hacer esto usando la palabra "no" de forma intermitente con una acción para transmitir el punto de manera que el niño se acostumbre a la palabra y lo que significa. Parece que "no" se entiende mejor usando palabras y acciones para describirlo en un nivel que el niño pueda entender. Además de la palabra "no", el niño deberá acostumbrarse a recibir las críticas de su padre y su madre sobre su comportamiento inicial.

Para enseñar al niño a hacer esto, quizá critique algo menos serio que un momento de disciplina de enseñanza, para que el niño se acostumbre. Por ejemplo, si usted y su hijo están caminando y ven basura en el suelo, podría decir: "Eso es malo. Me pone triste". Luego, cuando use esa frase para un comportamiento de su hijo, él o ella comprenderá lo que quiere decir.

El tercer paso es recibir la consecuencia del mal comportamiento. Mamá o papá deben repartir las consecuencias más temprano que tarde para inculcar en el niño una comprensión de la causa y el efecto de la consecuencia. Si mamá o papá esperan para hacer cumplir la consecuencia, el niño perderá una oportunidad de aprendizaje, sobre todo si pasa demasiado tiempo entre establecer un límite y aplicarlo a través de las consecuencias, porque el niño simplemente habrá olvidado lo que ha hecho. La acción y reacción debe ser inmediata.

Por último, el cuarto paso es enseñarle al niño a estar en desacuerdo de manera apropiada; si él mismo no está de acuerdo con mamá o papá respecto a las acciones disciplinarias que se acaban de describir, debe poder expresarlo. En otras palabras, está bien no estar de acuerdo, siempre que haya pautas para hacerlo. Claramente, adquirir un nuevo comportamiento es un proceso de aprendizaje, especialmente para el niño pequeño. El objetivo aquí es enseñar autonomía a través de relaciones de causa y efecto, una lección a la vez.

Cambiar el comportamiento de un niño pequeño requiere algo de trabajo por parte de los padres o tutores, pero para hacerlo más fácil, aquí hay un plan de acción resumido para que esto suceda:

- Describa el comportamiento presente y los posibles comportamientos futuros.

- Practique nuevos comportamientos de inmediato.

- Enseñe al niño a seguir instrucciones.

- Enseñe al niño a aceptar respuestas y críticas a su comportamiento.

- Haga que el niño pequeño reciba las consecuencias de sus actos.

- Haga que aprenda a no estar de acuerdo apropiadamente.

Otro objetivo y plan de acción para la crianza positiva y la disciplina tiene que ver con enseñarle al niño a dejar de pegar. Este tipo de comportamiento es típico en los niños pequeños porque a esa edad no tienen las habilidades de regulación emocional para autogobernar sus emociones de la misma manera que los adultos. En cambio, los pequeños se ven fácilmente inundados por fuertes sentimientos y actúan en consecuencia. Sin embargo, este comportamiento de golpear debe detenerse porque solo causa dolor a la parte receptora y, finalmente, al niño, ya sea en el presente o más tarde en la vida como adulto. En resumen, aunque pegar es el comportamiento típico de los niños pequeños, no es correcto que participen en él.

Lo que es apropiado recordar en relación con los golpes es que su niño a menudo se someterá a etapas de desarrollo en las que eventualmente alcanzará un hito. Un hito es un evento que marca un cambio significativo en el desarrollo del niño. Por lo general, cuando un hito está a punto de suceder, el niño puede volverse un poco más irritable y andar de mal humor, lo que resulta en un comportamiento beligerante. Esto es común porque se están produciendo muchos cambios y el cerebro del niño, en constante crecimiento, apenas puede seguirles el ritmo. En resumen, los niños no poseen las habilidades de desarrollo necesarias para manejar todo esto. En cambio, se vuelven más delicados en su estado emocional cuando están estresados. Esto también es cierto para los adultos. Sin embargo, es un proceso normal de desarrollo que requiere mucha ayuda de la madre, el padre o el tutor.

Sin embargo, el tutor del niño primero debe cuidarse a sí mismo, incluso antes de pensar en ayudarlo, porque, de lo contrario, el caos se produce cuando mamá o papá ignoran su cuidado personal. Como resultado de que el bienestar de la madre o el padre se vea comprometido debido a la falta de autocuidado, el niño también sufrirá una atención menos óptima por parte de los adultos a su alrededor. Esto puede suceder fácilmente porque la primera inclinación de los padres es amar incondicionalmente al niño. Es fácil olvidarse de cuidarnos a nosotros mismos. Sin embargo, si los padres olvidan esta simple regla, serán menos efectivos como padres y como personas en general. Nada se logra ignorando el cuidado personal.

Si pueden cuidarse mejor, serán más efectivos como padres porque podrán ayudar a las personas en general, además de a sus hijos pequeños. Por ejemplo, el padre puede hacer un seguimiento de sus comportamientos y sentimientos en respuesta a los golpes del niño, porque los padres también tienen reacciones y emociones receptivas. Sin embargo, si el tutor evita dejarse llevar por sus emociones, el niño claramente se beneficiará de que su mamá o papá piensen en vez de solo reaccionar instintivamente y responder sin pensarlo cuidadosamente.

Pasos para evitar que el niño golpee

En otras palabras, a veces mamá o papá también necesitan un minuto para calmarse. Una sugerencia para hacerlo a través del cuidado personal es participar en algo que les brinde tranquilidad. Esto podría ser cualquier cosa, desde un baño tibio de burbujas hasta una caminata por un sendero natural. Como resultado, estará más centrado y tranquilo como persona. El niño notará que eso es lo que proyecta y, a su vez, estará más tranquilo también, en lugar de desesperarse y golpear a otro individuo. Cuidarse primero es vital, en parte porque los niños pequeños reflejan lo que hacen mamá y papá más que lo que dicen. Además, es de esperar que la mamá o el papá se tome un tiempo de descanso, lo que hará que él o ella sea más consciente de hacer lo que es correcto para el niño, en vez de solo realizar lo que es conveniente para los padres. Voy a entrar en más detalles sobre el cuidado personal en el **capítulo siete**.

El segundo paso con respecto al niño pequeño golpeador, es establecer un límite simple pero firme con en el momento en que lo capturen con las manos en la masa. Algo como "no puedes golpear a otros niños" es directo y al grano, lo que se necesita con un niño de tres años. Además, si debe hacerlo, retire al niño del lugar también. De esta manera, el niño aprenderá que cada vez que golpea, no se le permitirá jugar con otros niños. Los padres deben ser firmes para que el comportamiento se detenga más temprano que tarde.

El tercer paso para convencer al niño de que deje de golpear es presentarle a un adulto centrado y tranquilo para interactuar, en vez de que aparezca un padre molesto que provoque una interacción poco fiable. Si el niño observa a su tutor como alguien centrado y tranquilo, es de esperar que imite su comportamiento. Claramente, es importante ser un ejemplo para el pequeño porque asimilará lo que proyecta el padre y, a su vez, lo proyectará él mismo a través de un proceso conocido como condicionamiento. Con suerte, con suficiente tiempo y práctica, el niño podrá comenzar a gobernarse un poco mejor.

El cuarto paso es conectarse con su niño pequeño. Para empezar, averigüe por qué él o ella está golpeando. Además, recuerde que la razón de un niño de tres años para golpear puede no ser tan sólida como la lógica y el razonamiento de un adulto, y eso está bien. Tal vez el niño está golpeando porque trata de cumplir alguna necesidad y actualmente no lo logra. Cualquiera que sea el caso, es importante ser consciente de esta necesidad porque entonces el padre puede emplear la empatía para conectarse con su pequeño y averiguar más con respecto a dicha necesidad.

El quinto y último paso para convencer al niño de que no golpee es abordar su enfoque para satisfacer la necesidad insatisfecha. Es importante abordar el enfoque agresivo del niño si el comportamiento va a cambiar en el presente. Quizás sugiera al pequeño algunas estrategias que sean más adecuadas y efectivas que golpear a otro individuo, ya sea un niño o incluso el tutor.

Una vez que se identifican algunas estrategias, tal vez mamá o papá podrían enseñarle el enfoque más nuevo para satisfacer la necesidad latente del niño pequeño.

Evitar que un niño pequeño pegue requiere lo siguiente de mamá o papá:

- Estar más tranquilo a través del cuidado personal.

- Establecer un límite simple pero firme.

- Presentar a un niño pequeño con un adulto centrado y tranquilo para interactuar.

- Conectarse con él a través de la empatía.

- Abordar el enfoque del niño para satisfacer una necesidad latente.

Consejos para convencer al niño de que escuche

Además de discutir, gritar y golpear, también es importante convencer al niño de que escuche desde la primera vez al establecer un límite para criar y disciplinar positivamente a dicho niño. El primer paso para que el niño escuche y se comporte desde la primera solicitud es aprender a pensar como un niño pequeño. Esto es invaluable porque es una especie de cambio de roles que puede brindarle a los padres una idea de la situación de lo que su hijo puede pensar, sentir y creer con respecto a los límites, la disciplina y las fronteras. También puede ayudar a los padres a comprender el proceso de razonamiento de un niño sobre por qué versus por qué no. De hecho, ¿por qué un niño elegiría deliberadamente hacer algo no divertido según la solicitud de los padres? No lo harían. Sin embargo, una vez que el padre comprende el proceso de pensamiento del niño al conocerlo mejor jugando, conversando o simplemente pasando el rato, el padre finalmente puede influir en el niño para que escuche la primera vez. En resumen, el enfoque lo es todo para que un niño pequeño escuche la primera vez.

Consejo rápido: Puede sonar tonto, pero actuar como un niño pequeño hará que el niño se detenga lo suficiente como para prestar atención al padre cuando él quiera que el niño lo escuche.

El segundo paso para lograr que un niño escuche es controlar sus emociones con respecto a la situación, porque de lo contrario, si le grita explosivamente al niño, será menos probable que acepte sus solicitudes de todos modos. Por otro lado, si está tranquilo con su tono de voz, expresiones faciales y postura, es más probable que el niño cumpla con la regla que se acaba de establecer. Después de todo, el padre es el que tiene poder y control.

El tercer paso para convencer a un niño de que escuche es emparejar las consecuencias con la comunicación. Por ejemplo, si el padre cambia su tono de voz a uno más alto, el niño sabe que la consecuencia será más severa. Además, si el padre hace esto lo suficiente, el niño eventualmente aprenderá a escuchar, dado el condicionamiento del padre sobre el tono de su respuesta.

El cuarto paso para que el niño escuche es hacer que su palabra valga. Esto significa que es más probable que los niños pequeños escuchen al padre si él o ella cumple con lo que se dice. De lo contrario, las palabras no tienen significado y de hecho no valen nada para el niño. Si el padre quiere que su palabra sea valorada, entonces debe implementar las consecuencias que están vinculadas a la comunicación.

El quinto paso para convencer a un niño de que escuche es trabajar en la relación entre el niño y el padre, en parte porque su trabajo como padre es amar al niño sin importar qué. Si el niño es consciente de que alguien especial lo ama, entonces será más probable que escuche, dado que el niño quiere ese amor y atención. En resumen, el niño escuchará por querer el amor y la atención de mamá y papá.

Hay muchas maneras de convencer a un niño para que escuche, algunas de las formas más pertinentes son:

- Piense como un niño pequeño.

- Controle sus emociones.

- Empareje consecuencia con comunicación.

- Haga valer su palabra.

- Trabaje en la relación padre-hijo.

Consejos para dormir a los niños pequeños

Otro objetivo de criar y disciplinar positivamente al niño es lograr que se duerma cuando sea necesario. Esto puede ser un desafío para la mayoría de los padres porque no pueden controlar cosas como el sueño del niño. Lo último que quiere un padre es estar molesto por el rechazo absoluto del niño a cosas como la hora de acostarse. Sin embargo, lo que los padres pueden hacer para convencer al niño de que haga cosas como quedarse dormido es elegir sus batallas sabiamente y poner atención en los problemas que pueden controlar, como las opciones que se le dan al niño cuando hace cumplir la regla o el límite con respecto a la hora de acostarse. Por ejemplo, un padre no puede controlar cuándo duerme su hijo, pero puede controlar si el niño está tranquilo y la puerta de la habitación se puede dejar abierta para que entre la luz.

El niño puede ser persuadido suavemente por rutinas agradables para cosas como la hora de acostarse. Dichas rutinas preparan el escenario para el comportamiento del niño porque promueven la buena salud y, por lo tanto, el buen desarrollo del cerebro. Dele al niño algo que esperar a la hora de acostarse, como pasar tiempo con mamá y papá, que le lean un cuento, un abrazo. Sea como fuere, si al niño no le gusta la rutina, él o ella podría demostrarlo haciendo un berrinche. Hacen esto por algo conocido como refuerzo intermitente. Si el padre responde y reacciona aleatoriamente a los empujones y las quejas del niño, entonces el niño ganó la batalla de control, reforzando el comportamiento del padre a través de su propio comportamiento. Sin embargo, si mamá o papá simplemente no responden, sino que se alejan por un momento, tal vez el niño se dé cuenta de que lo que una vez sirvió para sus tutores ya no funciona igual. Entonces se gana la batalla por el control.

Convencer al niño para que se duerma es más fácil si mamá o papá:

- Evita las batallas de control.

- Controla las victorias si las batallas no se pueden evitar.

- Elige las batallas sabiamente.

- Tiene una rutina para acostarse.

Ayudar al niño a ganar más confianza

La crianza positiva y la disciplina del niño en realidad lo ayudan a ganar algo de confianza a través del aprendizaje y el dominio de tareas apropiadas para su edad y nivel de desarrollo. En resumen, el proceso para que un niño pequeño gane confianza en sí mismo tiene cuatro pasos necesarios. El primer paso es darle una tarea que usted crea que puede manejar. Esto es importante porque le dice al niño que usted como padre tiene confianza en sus capacidades para lograr algo. Es un gesto muy significativo para el niño pequeño.

Sin embargo, de la misma manera, el padre espera que su hijo falle en la tarea. Esto se debe a que el niño aprenderá algo valioso como la persistencia y la determinación al intentarlo de nuevo. Este segundo paso en el cual el niño falla en una tarea, enseña muchas cosas, especialmente lo que no se debe hacer. De hecho, parece que las personas aprenden más de lo que han hecho de forma incorrecta en comparación con lo que han hecho bien. De todos modos, los errores enseñan más que la perfección.

El tercer paso para enseñarle confianza a un niño pequeño es dejar que las consecuencias del error le enseñen a no volver a cometerlo. Las consecuencias apropiadas para la edad son un apoyo muy valioso en la educación porque pueden determinar el comportamiento del niño una y otra vez al asumir la responsabilidad de sus acciones. Sin embargo, también es invaluable tener empatía con el niño cuando siente los efectos de sus errores.

El cuarto y último paso para ayudar a su hijo a ganar confianza es darle el mismo desafío nuevamente con la esperanza de un eventual éxito. Si el niño ha aprendido algo en este momento, es que la repetición también es una maestra efectiva. Con suerte, el niño tendrá éxito esta vez mientras lucha por superar dicha tarea. De hecho, parece que repetir aquello en lo que nos equivocamos una y otra vez es muy efectivo para educar a cualquier persona en cualquier edad.

Claramente, mamá o papá pueden ayudar al niño a ganar confianza de muchas maneras, pero algunos de los métodos más importantes incluyen:

- Darle al niño una tarea que puede manejar.

- Esperar a que el niño falle en la tarea.

- Dejar que las consecuencias le enseñen.

- Darle el mismo desafío/tarea para que intente de nuevo.

Claramente, los planes de acción son necesarios para enseñar, proporcionar una estructura y guiar a los niños pequeños con una crianza positiva y también con la disciplina combinada con el amor incondicional. Es importante que los padres participen de todo corazón en estas técnicas positivas de crianza y disciplina por el bien del niño, porque el objetivo final para el niño es aprender a gobernarse a sí mismo para llegar a ser un adulto estable y saludable algún día, incluso si los seres humanos no vienen con un conjunto de instrucciones.

Capítulo seis:
Errores disciplinarios comunes

Los errores disciplinarios comunes marcan la diferencia entre que el aprendizaje se lleve a cabo con el padre tratando de estructurar, guiar y enseñar al niño con amor incondicional, o que el padre no tenga éxito. Todos necesitamos aprender alguna vez. Al igual que un niño pequeño que aprende fallando en una tarea, a veces la mejor manera para que un padre aprenda es también fallar en una tarea las primeras veces. Como he explicado, las personas aprenden mejor a través de sus errores, especialmente con una crianza positiva y disciplinando al pequeño. El aprendizaje es un proceso y, con los niños, se convierte en un proceso de prueba y error a medida que los padres ensayan nuevas técnicas para descubrir qué funciona mejor con respecto a la disciplina de su niño pequeño.

Los niños pequeños pueden ser difíciles de criar y disciplinar positivamente por muchas razones. Una de ellas es que cada niño es diferente en cuanto a disciplina y etapas de desarrollo. Además, los padres también deben considerar la naturaleza y la genética del pequeño, por ejemplo, además del ambiente y las experiencias en el hogar que se ganan por los eventos diarios o acontecimientos en la vida del niño. También puede ser difícil cambiar nuestro estilo de crianza de lo que aprendimos de nuestros propios padres a algo nuevo y diferente. Todos estos aspectos deben ser considerados antes de embarcarse en el viaje de la paternidad.

Los errores de disciplina son muy comunes porque los padres son humanos. Los humanos por naturaleza son falibles y la naturaleza humana en sí misma no es tan sencilla como para que un conjunto de instrucciones puedan guiarla. Sea como fuere, la naturaleza humana puede ser condicionada a través de experiencias repetitivas que conducen a un cambio de perspectiva, actitud o comportamiento. Es este cambio de comportamiento lo que le dirá a un padre si lo que él o ella está haciendo para disciplinar al niño está funcionando. Aún más desafiante es el hecho de que los niños pequeños tienen una curva de aprendizaje pronunciada porque todavía se están desarrollando y creciendo. Sin embargo, los niños son como esponjas, absorben todo lo que ven y oyen en su entorno.

Además, los niños internalizan lo que se les enseña por medio de la disciplina, lo que a veces conduce a su expresión emocional sobre esos límites y normas. En otras palabras, los niños pequeños también enseñan a sus padres a través de sus reacciones y acciones receptivas, ya que son educados a través de la crianza positiva y el amor incondicional. Sin embargo, el adulto en la relación debe estar dispuesto a ser el maestro y, a veces, el alumno, dejando que el niño tome la iniciativa mientras nos enseña lo que funciona y no funciona con respecto a la disciplina de mamá y papá. Por otra parte, los padres deben inculcar valores a través de lecciones de disciplina y experiencias que duren toda la vida a través de su ejemplo, ya que el niño a menudo es un reflejo de sus padres.

Diez errores disciplinarios que los padres suelen cometer

A veces los padres pueden tener expectativas poco realistas sobre las habilidades de sus hijos por muchas razones. Una de ellas es la falta de información sobre la fase de desarrollo del niño y las capacidades resultantes. En resumen, los padres no son conscientes de lo que su pequeño es capaz de hacer a una edad determinada a no ser que busquen información al respecto o que hayan tenido experiencia previa en el cuidado y la crianza de sus hijos.

Incluso entonces, algunos padres no entienden que los niños no son adultos pequeños y no deberían ser tratados como tales. Los niños también deben tener una infancia y esperar que se desempeñen a un nivel muy superior a su fase de desarrollo y capacidades actuales es poco realista y poco práctico. Otro error disciplinario común, además de esperar que los niños actúen más viejos de lo que son, es consentir a los niños.

Es comprensible que los padres quieran que sus hijos tengan la mejor vida posible. Sin embargo, atender todos sus caprichos no es una realidad factible porque el niño, como resultado, puede terminar siendo mimado y esperar que las personas en el futuro también lo consientan, incluso cuando sea un adulto. Eso no es realista ni saludable.

Sin embargo, es saludable complacer al niño de vez en cuando por un trabajo bien hecho, pero no es sano consentirlo en exceso por cada pequeña victoria. Además, el niño puede volverse perezoso e inerte si el padre lo mima a cada segundo. Esto podría ocasionar que no pueda pensar y actuar por sí mismo cuando se materialice una necesidad o un deseo. Lo último que un padre quiere para su hijo es que se acostumbre tanto a ser alimentado que no pueda hacerlo por sí mismo.

Lo que se puede hacer para evitar el siguiente error de disciplina es seguir las consecuencias. En otras palabras, a veces los padres no siguen la acción una vez que se pronuncian las palabras, ya sean promesas o consecuencias. Esto no es bueno para el niño. Si un padre no realiza una acción de forma rutinaria después de que se pronuncian las palabras, el niño pequeño podría tomar al padre menos en serio. Como resultado, el niño puede ignorar y no escuchar al padre cuando hay una amenaza inminente pendiente. Por otro lado, el niño tomará a los padres más en serio si él o ella cumple su palabra una vez que se pronuncia, independientemente de la razón. No es un gran plan de crianza tener un padre que habla mucho y hace poco, ya que debe haber un equilibrio entre los dos. En resumen, demasiadas o muy pocas acciones o palabras no son algo bueno para el pequeño.

Cuidar demasiado al bebe también es una desventaja porque el niño esperará ser mimado todo el tiempo por mamá o papá, incluso cuando el grupo de compañeros del niño no le maltrate

24/7. Esto podría resultar en un menor crecimiento durante el desarrollo porque el niño responderá a la crianza y no a su etapa de desarrollo. Si a un niño pequeño se le cuida constantemente, será menos probable que se las arregle solo cuando sea necesario.

Además, el hecho de que un niño pequeño sea mimado lo alienta a depender demasiado de sus tutores en lugar de que resuelva el asunto por sí mismo. Tener un poco de cuidado con el bebé está bien, pero hacerlo hasta el punto en que realmente crea que es un bebé no lo ayuda a desarrollarse correcta y completamente. En resumen, el niño se vuelve menos autosuficiente y aún más dependiente de su(s) tutor(es), lo que lo hace un poco indefenso. Otra forma de decirlo es que el niño tendrá menos autonomía como resultado.

Otro error disciplinario común es cuando los tutores del niño se niegan a enseñarle modales. Algunos padres incluso piensan que es lindo cuando su hijo actúa sin modales, hurgando su nariz o agarrando los juguetes de otros niños, disculpándolo simplemente como "niños siendo niños". Sin embargo, si el niño pequeño no aprende a adquirir ciertos modales, es posible que el niño no sea socialmente aceptado tanto por sus compañeros como por otros adultos que también necesitan guiarlo y enseñarle más tarde en la vida, por ejemplo, sus maestros. Esto podría ser perjudicial para el niño, especialmente cuando necesita socializar con otros niños y con sus modelos a seguir. Sin embargo, existe una línea muy fina entre enseñar modales e imponérselos al niño a través de una estricta sesión de disciplina. Si el niño es demasiado educado y respetuoso con todas las personas con las que entra en contacto, tal vez la enseñanza de los modales del niño se convierta en una disciplina que es demasiado estricta para su edad y su etapa de desarrollo actual. Los modales son importantes, pero no lo son todo, especialmente para un niño de tres años.

Consejo rápido: Si el padre va a enseñarle modales al niño, asegúrese de que sea coherente y de que todos estén en la misma página, de lo contrario, el niño podría confundirse fácilmente con mensajes contradictorios de otros adultos y niños con respecto a los modales.

Fomentar el mal comportamiento también es un error de disciplina porque los niños pueden llevar estos malos comportamientos a la edad adulta.

Como resultado, podrían convertirse en algún tipo de rebelde o inadaptado más tarde como adultos y meterse en problemas que, por supuesto, no son buenos. Alentar el mal comportamiento en un niño pequeño es como entrenarlo para que sea malo a propósito. ¿Por qué un padre haría eso? No tiene sentido, pero algunos padres realmente hacen esto porque piensan que es "lindo". Sin embargo, no hay nada lindo en que su hijo pequeño más tarde en su vida como adulto sea arrestado por mal comportamiento. Lo que un padre piensa que es lindo o genial ahora podría convertirse en algo peor más adelante en la vida, como el abuso de drogas o la violencia. En resumen, alentar el mal comportamiento es una pendiente resbaladiza que no conduce a ningún lugar sino abajo, y hacerlo también es psicológicamente perjudicial para su descendencia. El niño también recibirá el tipo de atención equivocado.

Los padres que confían en las redes sociales para calmar y entretener al niño también cometen un error de disciplina, pero muchos padres lo hacen porque es conveniente y fácil. Como resultado, el niño se volverá demasiado dependiente de ellas y de otras cosas más adelante en la vida en un intento de apaciguarse cuando éste se encuentre molesto o simplemente aburrido. El niño necesita eventualmente aprender a entretenerse u ocuparse con otras actividades más saludables como jugar con bloques o aprender el abecedario. Demasiado tiempo frente a la pantalla no es algo bueno porque el niño también podría tener síntomas físicos como dolores de cabeza por estar en línea por mucho tiempo. El niño también se vuelve más egoísta y menos sociable mientras mira fijamente la nueva tableta de mamá o papá durante horas. Un poco de tiempo frente a la pantalla está bien, pero demasiado afecta negativamente al niño en más de un sentido. El niño también se vuelve menos activo como resultado. Cuando mi hijo era pequeño, tuve que decirle que dejara la computadora y que saliera a jugar con sus amigos.

Otro error disciplinario común es no ser padres en público por cualquier razón. Quizás mamá, papá o el tutor están demasiado preocupados por lo que pensarán otras personas. El padre puede ser tímido o puede avergonzarse fácilmente si el niño no escucha y actúa fuera de límites. Sin embargo, los padres deben sopesar lo que es más importante en ese momento de crianza positiva y disciplina. Salvarse de la vergüenza o el niño. Obviamente, la respuesta es el niño, y a veces la crianza de los hijos y la disciplina deben llevarse a cabo en el momento para evitar algo aún peor, como que el niño se lastime por no escuchar. Está bien disciplinar a su niño pequeño si lo necesita para evitar algo peor como pararse frente a un automóvil en movimiento.

Consejos rápidos: Para superar el miedo a la crianza de los hijos en público, tal vez tome una clase de crianza con otros padres para ganar confianza en sí mismo cuando esté en público.

Otro acto de crianza imprudente consiste en menospreciar al niño, por la razón de que podría terminar con una menor autoestima. Además, el niño puede sentirse menos capaz en sus habilidades como individuo y su capacidad para complacer a mamá o papá cuando se materializa una nueva tarea. Luego, el niño simplemente dejará de intentar ganarse a su tutor. Esto no es bueno. En otras palabras, es psicológica y emocionalmente perjudicial para mamá o papá menospreciar a su hijo porque el niño sufre como resultado, especialmente si el menosprecio ocurre frente a otros a los que admira. Además de los sentimientos heridos del niño, él o ella se sentirán menos validados y valorados. Entonces, el niño pequeño como adulto podría mirar a otros individuos desfavorecidos para estructurar y guiar su vida, y terminar juntándose con el grupo equivocado. Menospreciar al niño no es nada bueno.

Ser demasiado rígido con la paternidad y la disciplina tampoco es algo positivo para el niño. Esto se debe a que el niño puede sentir que no tiene margen de maniobra para ser solo un niño, como resultado del estricto estilo autoritario de crianza. La crianza de los hijos no se trata de ordenarle al niño que haga algo, se trata del amor incondicional, pase lo que pase. La crianza de los hijos tampoco se trata de controlar al niño debido al temor de que cometerá un error, se trata de permitir que el niño cometa errores porque así es como aprenderá algo nuevo. Otra forma de decirlo es que los niños pequeños son demasiado jóvenes para someterse a un campamento de entrenamiento militar, así que no seas un sargento instructor con ellos. Si el niño tiene un ambiente hogareño demasiado estricto, el niño como adulto podría terminar repitiendo la historia y ser demasiado estricto y rígido con sus propios hijos.

Los errores disciplinarios son más comunes de lo que piensa, y los más típicos incluyen:

- Tener expectativas poco realistas.
- Esperar que los niños actúen como si fueran grandes.
- No cumplir con las consecuencias.
- Mimar al niño.
- Negarse a enseñar a los niños modales.
- Fomentar el mal comportamiento.
- Confiar demasiado en las redes sociales.
- No ser padres en público.
- Menospreciar al niño.
- Ser demasiado rígidos.

Primicia sobre los errores disciplinarios más comunes

También es fácil para los padres entender mal el propósito de la disciplina. La disciplina no se trata de controlar al niño por la conveniencia y tranquilidad de los padres, se trata de que el niño aprenda y comprenda las razones y las consecuencias de sus acciones. Se trata de enseñarle al niño cómo y por qué actuar y cómo comportarse. De lo contrario, el niño pequeño podría terminar más tarde como un adulto que se asocia con más personas que no cumplen con los límites, reglas y fronteras establecidas por figuras de autoridad como jueces, policías y médicos. La disciplina consiste en capacitar a los seres humanos para que cumplan con un código de conducta que sea aceptable para los demás, para la sociedad. También se trata de que el niño aprenda a distinguir lo correcto de lo incorrecto porque, de lo contrario, el niño posiblemente terminará teniendo serios problemas cuando sea un adulto. La disciplina saludable enseña valores a través del amor incondicional.

Otro error disciplinario común es cuando los padres y los tutores reaccionan de forma exagerada a cada pequeña cosa que hace el infante. Es importante no reconocer cada infracción porque el niño puede tener tanto miedo de la reacción de los padres que tendrá miedo de actuar de cualquier manera. Además, a menos que los padres quieran pasar todo el día peleando con su hijo, es mejor dejar que se cometan actos menores de mala conducta, como dejar un solo juguete en el piso después de arreglarlo. Reaccionar de forma exagerada ante la desobediencia del niño no está bien porque cada vez que mamá o papá gritan o se asustan, el pobre niño se traumatizará con demasiado drama de sus padres. Por lo tanto, los padres deben tratar de pensar, actuar y responder de manera saludable a la mala conducta del niño en lugar de reaccionar exageradamente como un padre helicóptero que observa todo lo que el niño hace. Además, el niño pequeño podría simplemente desconectarse del padre y sus reacciones exageradas después de un tiempo e ignorarlo. Esto podría ser peligroso porque si el niño está a punto de lastimarse de alguna manera al tocar una sartén caliente, será menos probable que escuche a mamá o papá cuando reaccionen a la situación con buena razón y juicio.

La falta de explicación también es un error disciplinario común porque, en primer lugar, si el niño no comprende por qué está siendo castigado o corregido por mamá o papá, será menos probable que escuche a los padres o los obedezca cuando sí cuenta. Si el niño no comprende las razones para actuar de manera diferente a como lo hace naturalmente, significa que es más probable que repita el mal comportamiento sin culpa propia y se meta en problemas de todos modos. Es importante darle al niño buenas razones para explicar por qué debe actuar de manera diferente. De hecho, incluso puede ayudar el pensar como un niño para darle una razón válida en la mente del niño sobre por qué debería escuchar al padre para empezar. En resumen, pensar como un niño ayudará a los padres a comprender a su hijo para darle al niño una razón válida para comportarse bien.

El uso excesivo del castigo también es una mala idea para una crianza positiva y una disciplina saludable porque el niño solo será controlado por el castigo en lugar de aprender de él. El uso excesivo del castigo también traumatiza al niño por medio del miedo y la conmoción, y le resta valor a su niñez porque la mayor parte se gastará en su habitación sin televisión. El niño puede incluso terminar asustado y desconfiado de su tutor porque el castigo se usa en exceso por cada pequeña cosa como olvidarse de recoger un solo juguete. Es importante que los padres sean más selectivos cuando imponen refuerzos y castigos positivos y negativos porque, de lo contrario, el niño se acostumbrará tanto al castigo que pensará que es una forma de vida. Esto no es bueno ni saludable para el niño pequeño. Las amenazas vacías, como se dijo anteriormente, también son una forma de crianza menos que óptima, ya que es menos probable que el niño tome la palabra de los padres cuando amenaza con un castigo inminente por mal comportamiento. Además, si el padre continúa haciendo amenazas vacías, su niño pequeño eventualmente pensará que el padre habla y no actúa.

Las amenazas vacías no llevan al padre o al tutor a ninguna parte y el niño pronto hace lo que quiere de todos modos. Esto podría ser malo más adelante en la vida del niño cuando sea adulto porque él o ella pensarán que la mayoría de las personas también hacen amenazas vacías. Sin embargo, no conozco demasiados médicos u oficiales de policía que hacen amenazas vacías cuando se hace por razones de salud y seguridad. En otras palabras, lo último que necesita un niño pequeño es que sus padres hagan amenazas vacías porque podría pensar que los padres y otras figuras de autoridad están llenos de aire caliente. Regañar también es un error disciplinario común porque demasiado puede hacer que el niño se aísle del padre o tutor porque el niño no quiere escucharlo constantemente. Además, muchas molestias comienzan a sonar como un disco rayado porque el niño simplemente desconectará a los padres después de un tiempo. No está bien acosar a su propio hijo cada segundo del día por cosas intrascendentes que no importarán la próxima semana. Padres, no asusten ni intimiden a su propio hijo para que se someta. El niño sentirá que él o ella no es capaz y esto no es bueno porque los niños pequeños necesitan autonomía y agencia para eventualmente ser individuos por derecho propio, separados de sus padres. En otras palabras, la búsqueda persistente o constante de fallas no es buena para nadie a cualquier edad.

Otro error común cuando se trata de disciplina es el mal uso de los tiempos muertos. Los tiempos de espera deben usarse como un respiro para el niño cuando él o ella está realmente molesto por algo y necesita espacio y tiempo lejos de la situación para calmarse. De hecho, los padres a veces también necesitan tiempos de espera para sus hijos. En cualquier caso, los tiempos de espera solo deben durar unos minutos y el niño nunca debe ser enviado a su habitación para estar solo durante un tiempo de espera. Esto se debe a que el niño podría actuar de acuerdo con sus fuertes sentimientos residuales de la situación que lo molestó en primer lugar. Esto podría conducir a una situación peligrosa para el niño. Si el padre le da al niño un tiempo de espera, debe estar en presencia de su padre en la misma habitación o vecindad. Además, los tiempos de espera no están destinados a ser utilizados como castigo, sino más bien como un descanso para el niño cuando sea necesario.

Consejo rápido: Haga que el niño cuente hasta diez, si es posible, o haga que cante el abecedario para calmarse durante un tiempo de espera.

El soborno también es un error disciplinario común que los padres suelen cometer cuando quieren que su hijo se comporte, especialmente en un entorno público como una tienda de comestibles o una iglesia. Por ejemplo, mamá o papá cederán al llanto del niño y terminarán dándole un juguete o algo dulce para que se calle.

Sin embargo, esto no le enseña al niño a comportarse por su propia voluntad. De hecho, solo enseña lo contrario. En otras palabras, le enseña que, si se porta mal, recibirá un regalo o un premio de algún tipo. Obviamente, este es el tipo de atención equivocada para el pequeño. Recompensar el mal comportamiento solo lo refuerza para que vuelva a suceder. Esto no es una crianza positiva, sino algo completamente diferente.

En la misma línea, el mal comportamiento gratificante no es bueno ni óptimo para todas las partes involucradas porque más adelante, cuando el niño sea ya un adulto, continuará con ese mal comportamiento y aún esperará algún tipo de compensación por ello. Sin embargo, si mamá o papá dejan de recompensar el mal comportamiento de su hijo, con suerte, el pequeño cambiará el mal comportamiento en algo mejor debido al efecto de extinción. Además, recompensar el mal comportamiento de un niño pequeño no enseña mucho, excepto que él o ella recibirá una recompensa por ser travieso. No tiene sentido ni lógica, pero ahí está. Es casi como una forma de condicionamiento operante, que es un proceso de aprendizaje en el que un comportamiento cambia a través del refuerzo y el castigo. Sin embargo, condicionar a un niño para que no actúe en su mejor interés es muy destructivo y poco saludable tanto para el niño como para los padres. De hecho, el mal comportamiento gratificante probablemente perjudicará a todos los involucrados debido a sus resultados negativos.

También es común que los padres y tutores de niños los critiquen personalmente cuando se portan mal y actúan sin modales. Sin embargo, si la crítica proviene de la persona más cercana al niño, como mamá o papá, el niño puede tomar esto en serio, lo que tiene el efecto de debilitar el vínculo entre padres e hijos, dado que la crítica en esta forma es un ataque personal. Sin embargo, si el tutor critica constructivamente el mal comportamiento del niño, en lugar de criticar al niño, tal vez sea más probable que el niño lo tenga en cuenta. Esto se debe a que él o ella no se sentirán personalmente censurados. A veces puede ser muy desafiante tomar una crítica constructiva, incluso como adulto, por eso es importante comenzar el proceso ahora, cuando los niños generalmente están más abiertos a todo, incluida la crítica constructiva.

Claramente, los errores disciplinarios típicos de los nuevos padres son:

- Entender mal el propósito de la disciplina.

- Reaccionar exageradamente a cada pequeña cosa.

- No explicar las cosas.

- Usar castigos excesivamente duros.

- Realizar amenazas vacías.

- Regañar en exceso.

- Usar indebidamente los tiempos de espera.

- Sobornar al niño.

- Recompensar el mal comportamiento.

- Criticar al niño y no al comportamiento.

Está bien cometer errores disciplinarios, siempre y cuando los padres y tutores aprendan de ellos y luego cambien su comportamiento disciplinario para que sea más saludable, por el bien y el bienestar del niño; recuerden que para la crianza positiva siempre debe haber disciplina inculcada con amor incondicional. Una disciplina saludable es por el bienestar del niño y no por los padres. De hecho, la crianza positiva y la disciplina son para ayudar al niño a tener la mejor vida posible ahora y en el futuro, porque las lecciones que el niño aprende ahora se quedarán con él o ella para toda la vida. Al llegar a la adultez, también podrá criar y disciplinar positivamente a sus propios hijos, y esto creará generaciones saludables de familia en los años venideros. Esta técnica de crianza también tiene un efecto dominó positivo en la sociedad, ya que las unidades familiares se crean en la escuela, en el lugar de trabajo, en la iglesia e incluso en los equipos de bolos.

Capítulo Siete:

Consejos positivos para padres

Los consejos de crianza positiva para los niños pequeños deben depender más de la etapa de desarrollo del niño y no de su edad porque, aunque la edad es algo estático, el desarrollo para los niños pequeños no lo es; están constantemente cambiando ante nuestros ojos. Los del desarrollo de un niño pequeño pueden ocurrir muchas veces durante una edad determinada, lo que hace que alcance los hitos apropiados para la etapa de desarrollo en un corto período de tiempo. No es justo generalizar a un niño pequeño y su grupo de edad porque eso solo clasifica y estereotipa el comportamiento y las habilidades del niño sin mirar realmente lo que es capaz de hacer en su etapa de desarrollo individual. En resumen, los padres deben familiarizarse con este conocimiento antes de pensar en cómo criar positivamente a su pequeño.

Consejos para padres y razones para mantenerse positivo

Una vez que los padres o tutores tengan este conocimiento vital de las habilidades de los niños pequeños que dependen de cosas como el desarrollo y el crecimiento emocional, físico y psicológico, también es importante que los tutores del niño utilicen este conocimiento para descubrir de qué es capaz el niño en esta etapa. Este conocimiento y consejo para padres determinará qué es factible con respecto a lo que el padre puede y no puede emprender con miras a un plan de acción para criar al infante. Por ejemplo, los niños pequeños no poseen mucho control sobre sus propias vidas, dada su falta de madurez a una edad tan temprana. Esta es la razón por la que mamá y papá necesitan tomar el control de muchas cosas, para enseñarle lecciones valiosas que emanan de la orientación, la estructura y la disciplina con amor incondicional.

Los consejos positivos para padres y sus razones pueden ser difíciles de implementar cuando nuestros niños pequeños prueban y presionan nuestros botones. Puede ser difícil criar positivamente a un niño cuando él o ella está haciendo un berrinche por cualquier razón, también. Sin embargo, es importante recordar como padres que nuestro trabajo es amarlos incondicionalmente, pase lo que pase y sea lo que sea. Este consejo positivo para padres es vital para recordar porque incluso si el niño vocaliza sus sentimientos sobre el padre por imponer un momento de disciplina, el padre aún debe amarlo. Incluso si el niño arroja sus juguetes a los padres, los padres aún deben amarlo. Incluso si el niño golpea al padre, el padre aún debe amarlo. Es importante que el padre ame al niño, pase lo que pase, porque el niño pequeño se beneficiará de ese amor incondicional más que cualquier otro aspecto de la crianza de los hijos. Por ejemplo, el niño se beneficiará emocionalmente sabiendo que mamá o papá están allí para él y el niño se beneficiará físicamente porque los ambientes hogareños amorosos ayudan al cerebro del niño a desarrollarse de manera óptima. En resumen, el amor incondicional es un consejo útil para padres y la mejor medicina para el niño.

Otro aspecto que considerar para mantenerse positivo es que los niños pequeños todavía no usan o emplean sus mentes de la misma manera que los adultos porque carecen de la capacidad de participar en un pensamiento sofisticado con cosas como la lógica y el razonamiento complejo. Como resultado, la capacidad de pensamiento de un niño es muy simple y corpórea, enfocándose en cosas que puede tocar, ver, oír, probar, etc. De manera similar, es importante usar un lenguaje simple pero directo con el niño, ya que sus capacidades lingüísticas aún se están desarrollando. Por ejemplo, trate de no usar oraciones compuestas o directivas complejas porque el niño no puede procesar secuencias como estas todavía. Lo que el niño puede hacer es juntar frases simples como "mi juguete". Para que el niño entienda una directiva de su tutor, el adulto también debe usar un lenguaje similar, especialmente cuando implementa un límite o consecuencia por medio de la disciplina.

Consejo rápido: Etiquete objetos simples y seguros en la casa para que el niño pueda identificarlos y así enriquecer sus capacidades y habilidades lingüísticas.

Puede ser un desafío mantenerse positivo cuando se disciplina, pero los niños pequeños deben ser disciplinados de manera saludable y equilibrada; de lo contrario, el niño podría terminar en una situación de vida peor más adelante en el camino como adulto. Por ejemplo, un niño que no es disciplinado cuando se presenta la oportunidad podría resultar en un adulto que no escucha a otras figuras de autoridad como la policía. Por otro lado, demasiada disciplina podría llevar al niño a una escuela de entrenamiento militar como West Point. Es necesario que haya un equilibrio al disciplinar al niño porque esto finalmente enseñará, guiará y estructurará la vida del niño en la mejor vida posible para él o ella. Además, la disciplina saludable como un consejo positivo para la crianza creará niños pequeños que algún día podrán gobernarse de manera apropiada. De hecho, la investigación psicológica muestra una y otra vez que los niños necesitan amor y disciplina saludable para convertirse en adultos estables.

Un buen indicador para la crianza positiva de los padres es asegurar que los límites y las consecuencias sean más fáciles de seguir y comprender cuando el niño recibe opciones de mamá o papá con respecto a ellos. Por lo tanto, es crucial proponerle al niño la idea de elección, opciones o alternativas. Esto se debe en parte a que los niños pequeños sentirán que tienen más control sobre sus propias vidas cuando se les dan varias opciones en lugar de un ultimátum de su tutor. Las opciones también ayudan al niño a sentirse más independiente y seguro. Esto también es útil al disciplinar al niño pequeño, porque es más probable que el niño cumpla con la solicitud de mamá o papá como resultado de tener dos opciones con las que los tutores están de acuerdo. Además, el niño aprenderá a través de las opciones cuidadosamente elegidas de mamá o papá que tendrá que lidiar con una consecuencia con respecto a esa opción o alternativa elegida. Esto le enseña al niño cosas como causa y efecto y responsabilidad por sus acciones. En resumen, las opciones ayudan al niño a aprender, a través de un proceso de condicionamiento operante, la mejor opción con respecto a las consecuencias.

Una razón para ver el lado positivo de la paternidad es que el aprendizaje se lleva a cabo todo el tiempo cuando un niño es un niño pequeño. Un niño pequeño observa todo en su entorno, especialmente el comportamiento de sus tutores. Además, independientemente de lo que hagan los tutores en el día a día, el niño eventualmente los reflejará. Como resultado, es importante modelar un comportamiento positivo y un tono de voz cuando esté cerca del pequeño. Esto es especialmente cierto cuando se disciplina al niño porque es menos probable que reaccione, piense o se sienta negativo al respecto. De hecho, podría decirse que se necesita más energía para ser negativo, especialmente al disciplinar al niño. Por otro lado, cuando mamá, papá o el tutor es positivo, todavía le queda energía después del momento de enseñanza para darle apoyo emocional al niño pequeño. En resumen, guarde la emoción para la relación con el niño y no la disciplina.

Sin embargo, la disciplina es solo una parte de la crianza positiva, porque también es vital para los tutores del niño modelar la positividad en otras áreas de la vida del niño también. Este consejo es importante porque entonces el pequeño podría pensar y sentirse más positivamente sobre el mundo y su pequeño rincón en general. Esta positividad también beneficiará al niño de muchas maneras; incluyendo ganancias psicológicas, físicas y emocionales porque la mente, el cuerpo y las emociones están interconectados, lo que afecta beneficiosamente al niño. En resumen, si el niño es generalmente un niño positivo, entonces es probable que sea un niño sano.

Un niño sano requiere que mamá o papá estén dispuestos a aprender cómo ser mejores padres para él o ella al aprender algunos de los principios básicos de la crianza positiva y luego aplicarlos a etapas particulares de desarrollo. Por ejemplo, dado que los niños pequeños se encuentran en una etapa de desarrollo que es básicamente a nivel del suelo ya que acaban de comenzar a crecer y desarrollarse, los niños de dos a tres años aún no poseen mucha capacidad de atención. De hecho, es mejor recordar que el lapso de atención que posee un niño pequeño equivale a su edad física, por lo que, para un niño de dos años, esto es aproximadamente dos minutos.

Esto es importante para que los padres lo recuerden al disciplinar al niño, porque si pasas diez minutos castigándolo por romper un límite o regla, el niño solo recordará los primeros momentos de tus intentos de disciplina saludable de todos modos. Sin embargo, si puede mantener el impulso al tratar de enseñar y disciplinar al niño, hay una mayor probabilidad de que el niño recuerde más que si solo le gritara porque el niño estará más involucrado en el acto de aprender algo de la disciplina. En resumen, es importante mantener al niño comprometido para que aprenda algo nuevo.

Consejo rápido: Haga que los primeros minutos de una oportunidad disciplinaria cuenten, enfatizando con su voz qué es lo que quiere que el niño entienda.

Claramente, aprender algo nuevo por parte del niño requiere que el tutor lo cambie cada pocos minutos para mantener al niño involucrado en la actividad. Por ejemplo, si usted y el niño están dibujando formas con lápices de colores en una hoja de papel, quizá coloreen las formas después de unos minutos. Otro ejemplo es, si usted y el niño están pintando con esponja en grandes trozos de papel, tal vez cambie las formas de las esponjas cada pocos minutos para que sea interesante para el niño. El punto es que el niño disfrutará de la actividad incluso más que simplemente hacer una actividad mundana a la vez. ¡Mantenlo nuevo y emocionante!

Además, otro consejo para ser padres con una actitud positiva es que interactuar con el niño tiene el efecto de que mamá o papá eventualmente piensen como su pequeño mientras más jueguen con él o ella. Lo siguiente que sabes es que el padre también se sorprenderá con cosas como el color de esa flor o la sensación de la arena en la punta de los dedos. Esto es ventajoso tanto para el niño pequeño como para el padre, porque entonces el tutor puede comprender mejor el funcionamiento interno de la mente de su niño pequeño y, en consecuencia, ser un mejor padre para él o ella. Esto se debe a que el enfoque de los padres de pensar como si fuera un niño pequeño tiene el efecto de que los padres bajen al nivel o fase de desarrollo del niño, lo que hace que el pequeño sea más receptivo con respecto a la paternidad y la disciplina positivas.

Mantenerse optimista como padre es más fácil cuando se cuida a sí mismo primero. De lo contrario, el tutor del niño no estará en condiciones de criarlo positivamente y con amor incondicional. Si el tutor del niño tiene problemas para cuidarse por cualquier razón, entonces el bienestar de su niño que depende del tutor también se quedará en el camino. Independientemente de lo que tenga que hacer el padre para restablecer una sensación de equilibrio, paz interior o normalidad, no dude en hacerlo. Por ejemplo, el padre que se cuida a sí mismo podría pedirle a un amigo cercano que cuide al niño por unas horas para descansar un momento. Esto ayudará a los padres a sentirse más restaurados para asumir una vez más la increíble tarea de ser padres positivos.

Claramente, hay muchos consejos positivos para ayudar a mamá o papá a navegar en la crianza de sus hijos, algunos de esos consejos son:

- Familiarícese con el conocimiento de los niños pequeños.

- Ámelos incondicionalmente.

- Comprenda que los niños pequeños tienen un pensamiento simplista.

- Recuerde que la disciplina debe ser equilibrada.

- De opciones a los niños pequeños.

- Ahorre energía para la relación con el niño y no la disciplina.

- Muestre positividad usted mismo.

- Aprenda los principios básicos de la crianza positiva.

- Mantenga el impulso a través de la disciplina.

- Piense como un niño pequeño.

- Cuídese.

Consejos de autocuidado

Los padres necesitan autocuidado para criar a sus hijos lo mejor que puedan en cualquier momento o situación. El autocuidado es vital porque cuando los padres se sienten mejor como resultado de participar en actividades como un baño de burbujas caliente, pueden estar allí para sus niños pequeños incluso más que si los padres minimizaran la necesidad de cuidar de sí mismos. Sin embargo, el autocuidado puede ser un desafío porque, como padres, la inclinación natural es cuidar primero a los niños. Aquí es cuando los padres tienen que planificar conscientemente el autocuidado en su horario para hacerlo realidad.

Incluso si el autocuidado significa tomarse un descanso de diez minutos en el baño para centrarse, sea intencional al respecto. Dado que las oportunidades para el autocuidado pueden ser mínimas dada la enorme tarea de la crianza positiva, trabaje en el día haciendo pequeñas cosas para aumentar su nivel de autocuidado mientras el niño se dedica a algo más, como jugar con sus juguetes el piso. De hecho, parecería que el autocuidado es aún más desafiante porque los padres deben controlar a su hijo veinticuatro siete.

Es comprensible que vigilar constantemente al niño dificulte que los padres pasen un tiempo a solas. Este consejo positivo para padres es necesario porque estar solos les permite a los padres recargar sus baterías y poner las cosas en perspectiva. Por otro lado, también es importante que los padres descubran los medios para conectarse con otros adultos. Esto también es importante porque hacerlo le da al padre lo que necesita como persona. Es vital que los adultos tengan relaciones con otros adultos, además de sus hijos.

El padre puede cuidarse aún mejor al unirse o incluso establecer una comunidad de personas de ideas afines que son similares a las de los padres de alguna manera. Por ejemplo, mamá o papá podrían unirse a una comunidad de padres que también tienen niños pequeños en la misma etapa de desarrollo. Esto permitiría a los padres de la comunidad relacionarse entre sí a través del café, historias compartidas e incluso citas para jugar. Socializar con otros adultos ayuda a mamá o a papá porque entonces él o ella estarán mejor equipados para manejar una crianza positiva dado que mamá o papá obtienen lo que necesitan a través de la conexión con otros seres humanos. Las comunidades también son importantes porque les dan a las personas un sentido de pertenencia a algo más grande que él o ella misma.

Otro consejo ventajoso para los padres es que este sentido de pertenencia también es útil para el niño pequeño porque él podrá socializar y jugar más con otros niños, lo que dará como resultado un mayor desarrollo social y cognitivo, por nombrar algunos.

Consejo rápido: Únase a su niño pequeño durante el tiempo de juego para ayudarlo a desarrollar las habilidades sociales necesarias para jugar con otros niños a través de comportamientos que le enseñe usted mismo, como compartir sus juguetes con los demás.

También es importante tratar de mantener una actitud positiva como padre porque, con demasiada frecuencia, es fácil para los padres quedar empantanados por las responsabilidades cotidianas de criar a un niño debido a las realidades relacionadas con la comida, el alquiler e incluso encontrar una niñera. Sin embargo, divertirse es necesario para la salud mental, emocional y física, en parte porque hacerlo eleva su espíritu y sentido de bienestar y alegría. De lo contrario, la depresión y sentimientos similares podrían aparecer, resultando en que los padres sean menos propensos a guiar y disciplinar al niño de una manera positiva y saludable. Esto se puede evitar fácilmente participando en actividades que lo hagan sonreír y le brinden una sensación de felicidad. Además, divertirse más también traerá más alegría al mundo de su hijo porque el padre sonreirá y se reirá más. La felicidad es contagiosa, y una idea para divertirse es quizás salir con las chicas o los chicos una noche para relajarte. Me llevó mucho tiempo hacer esto cuando nació mi hijo, en parte porque yo era una madre nueva. Sea como fuere, es importante que los padres se diviertan y se rían porque, como resultado, serán mejores padres con su hijo.

Además, sería muy prudente cuidar también de su grupo o comunidad, ya que con suerte lo cuidarán como uno de los suyos. Un miembro de la familia, un amigo o incluso un pastor de la iglesia pueden ser parte del equipo para cuidar a los padres y a su hijo pequeño. Además, si su equipo o comunidad incluye a los maestros de guardería de su niño pequeño, su familia extendida o su cónyuge, asegúrese de establecer y trabajar para mejorar las relaciones con ellos porque pueden ayudar a los padres o al niño pequeño de una forma u otra cuando sea necesario. Podrían ayudar con cosas como cuidar a los niños, o simplemente compartir sus experiencias y consejos para padres con los padres del niño pequeño. En efecto, esto crea un grupo más grande de personas que se cuidan entre sí. Esto es beneficioso y tiene el efecto dominó de que todos los miembros del equipo se cuidan unos a otros, casi como una especie de unidad familiar extendida. También parecería que pertenecer al grupo o la comunidad ayuda a criar positivamente al niño porque, de hecho, se necesita una comunidad para criar a un niño.

Un consejo importante para el cuidado personal para promover una crianza positiva es tocar música agradable porque puede elevar o mejorar el estado de ánimo y la perspectiva a través de la expresión melodiosa de instrumentos musicales y canciones. La música tiene beneficios positivos para los padres porque realmente puede cambiar el estado de ánimo. Por lo tanto, es una buena idea reproducir música para el estado de ánimo que desee, como música alegre para limpiar la habitación del niño. El tutor también podría tocar música para relajarse si se encuentra estresado. Además, el niño también se beneficiará positivamente de la buena música.

Al principio parecería extraño que los consejos positivos para la crianza de los hijos de los niños pequeños incluyan el autocuidado de mamá y papá, pero es un ingrediente necesario para producir un niño feliz y equilibrado.

El cuidado personal para mamá o papá también puede incluir encontrar un pasatiempo que él o ella disfruta. Por ejemplo, me gusta rebordear. A algunas personas les gusta pintar. Sea lo que sea lo que haga felices a los padres mediante la participación en una salida creativa, adelante. Es casi terapéutico participar en un pasatiempo porque le permite a la persona expresarse de una manera divertida y saludable.

Escribir un diario sobre el día a día puede ser una forma poderosa de recuperar el sentido de sí mismo a través de la expresión de los sentimientos y experiencias de uno a lo largo del día. El diario también puede ser útil porque le permite al padre escribir sobre lo que está pensando en este momento en lugar de reflexionar sobre ello durante horas y horas.

Además, también es divertido hacer ejercicio regularmente. Si el padre puede hacer tiempo en su apretada agenda para hacer ejercicio, los beneficios de participar en una actividad física se harán evidentes. Esto se debe a que el padre se sentirá en forma y más seguro como persona. Esto a su vez ayudará a los padres a manejar una crianza positiva, ya que el ejercicio regular también puede ser una salida para el estrés. El ejercicio es como un antidepresivo natural. Claramente vale la pena el esfuerzo de estar activo diariamente.

Un gran consejo adicional para los padres que crían positivamente a los niños través del cuidado personal es pagar los favores. Esto significa participar en un acto aleatorio de amabilidad regularmente. Por ejemplo, el padre podría ofrecer cuidar al niño pequeño de su amigo para darle un descanso al otro padre. Este acto amable aumentará la gratitud y el agradecimiento, además de reforzar los sentimientos positivos como resultado de hacer algo bueno por alguien más.

El cuidado personal también implica permitirse experimentar emociones y sentimientos de tal manera que no minimice su existencia ocupándose como padre. Por ejemplo, es natural sentirse a veces desanimado por los aspectos menos divertidos de la paternidad. Sin embargo, no permita que la emoción tenga tanta prioridad que el trabajo disminuya. Es por eso que tenemos que expresar la emoción de una manera saludable para mantener nuestra capacidad de ser el mejor padre posible para el pequeño. Sin embargo, sentirse abatido se puede contrarrestar haciendo las cosas que te hacen sonreír y disfrutar de la vida. Otro consejo de autocuidado para que el tutor sea un padre más positivo es simplemente salir e ir a caminar. Un paseo al aire libre puede hacer maravillas para el alma y el cuerpo debido al aire fresco, el sol y el ejercicio. A veces, un cambio de escenario también puede mejorar el estado de ánimo de los padres.

Claramente, hay muchos consejos de autocuidado para padres de niños pequeños, algunos de los más relevantes son:

- Planificar intencionalmente el autocuidado.

- Tener tiempo a solas.

- Conectarse con otros adultos.

- Establecer una comunidad.

- Intentar mantenerse positivo.

- Divertirse.

- Cuidar a la comunidad.

- Reproducir música.

- Salir.

- Encontrar un pasatiempo.

- Escribir un diario.

- Hacer ejercicio.

- Pagar los favores.

Consejos para ser paciente con su niño

Disfrutar de la vida también requiere que mamá o papá sean más pacientes con los niños como un consejo positivo para los padres. Si el tutor es paciente con su niño pequeño, esto le permite a mamá o papá pensar más claramente y tomar mejores decisiones con respecto al niño y su bienestar. Para que mamá o papá sean más pacientes con el niño pequeño, es importante que primero aprenda algo sobre el desarrollo infantil para comprender qué es lo normal con respecto a los comportamientos para ese grupo de edad específico o etapa de desarrollo. Esto permitirá que el tutor sea más comprensivo y, por lo tanto, paciente con el niño.

Ser paciente con su niño como un consejo positivo para la crianza de los hijos también requiere que el tutor se imagine a su niño en unos veinte años como un adulto que toma sus propias decisiones por sí mismo. Para explicar, a veces perdemos la paciencia cuando nuestro niño no toma una decisión que intentamos imponerle en el momento. Sin embargo, si mamá o papá pueden entender que las elecciones de un niño pequeño son sus decisiones que algún día determinarán dónde y cómo terminará dentro de veinte años, esto le permitirá a mamá o papá tener más paciencia con el niño a largo plazo también.

Otro consejo de crianza positivo pero paciente para los niños pequeños es que mamá o papá pongan a las personas antes que los problemas. Esto significa que el tutor del niño valora al niño más allá de lo que el niño puede o no puede hacer en un momento dado dependiendo de la tarea establecida para él o ella. Después de todo, el niño es invaluable en comparación con una habitación limpia. En resumen, no se concentre en la lista de tareas para el niño, sino en el niño mismo.

Ser paciente con los niños pequeños también requiere que mamá o papá encuentren el lado divertido de las cosas. Por ejemplo, en lugar de estresarse porque el niño derrama pasta de dientes sobre su nuevo atuendo, tal vez descubra lo divertido de ese momento. Esto ayudará al tutor a ser más paciente con el niño mientras aprende a reírse con él. Reírse con el niño a veces ayuda a mamá o papá a ser más infantil también en su acercamiento con el niño. Ser más infantil le permite al tutor comprender mejor al niño, esto aumenta la paciencia con una mejor comprensión de los niños pequeños.

Ser paciente con los niños pequeños es una habilidad que se aprende fácilmente si mamá o papá siguen estos consejos:

- Aprender sobre el desarrollo infantil.

- Imaginar a su niño pequeño en veinte años tomando sus propias decisiones.

- Poner a las personas ante los problemas.

- Encontrar lo gracioso o divertido en los momentos cotidianos.

Una de las cualidades más importantes que necesita un padre de un niño pequeño es la paciencia. Recordar la necesidad de paciencia y emplear una estrategia para ayudar a mantenerla en situaciones muy estresantes con su niño pequeño le permitirá criar positivamente y aumentar la alegría inherente a la crianza positiva con amor incondicional. Es una alegría ver a los niños crecer y con suficientes consejos, orientación y estructura de crianza positiva, los padres también pueden disfrutar el proceso con un poco de práctica y esfuerzo. Después de todo, los niños no son niños para siempre. Disfruta de los momentos y recuerdos mientras puedas porque una vez que sea mayor, la vida del niño se verá afectada por lo que hagas ahora

Últimas palabras

El amor duro de un padre es necesario para producir un adulto capaz y autónomo a través de años de arduo trabajo y planificación cuidadosa. Del mismo modo, tal vez los seres humanos vienen con un conjunto de instrucciones después de todo, a través de las pautas positivas de disciplina y crianza en este libro. Sin embargo, lo que no está planeado es la conexión emocional en constante evolución entre padres e hijos. Esta conexión es lo que nos recuerda que también está bien simplemente experimentar la alegría a nuestro alrededor, sin marcarla en la lista de tareas como otro recado. De hecho, parecería que esta alegría contrarresta el esfuerzo exhaustivo de criar a otro ser humano día tras día. Simplemente parece que por mucho que intentemos planificar todo, como la crianza de los hijos, la vida tiene una forma de recordarnos que a veces el mejor plan en realidad es no tener un plan.

La vida sucede hagamos planes para ella o no. Además, no siempre podemos predecir cómo van a ser las cosas como padres y tutores porque los niños siempre están cambiando, en todo momento. Esta imprevisibilidad con respecto a nuestra descendencia sugiere que los niños son desinhibidos y más libres en pensamiento y expresión, en parte porque todavía no han sido afectados por el mundo. Sin embargo, este estado despreocupado y natural de la existencia de un niño es la razón de la literatura sobre el tema en todas partes. Irónicamente, la razón de la literatura es también entrenar al niño salvaje para convertirlo en un adulto controlado y responsable. Sin embargo, si este es el caso, ¿por qué es tan frecuente la obsesión con la fuente de la juventud? Quizá sea porque, como adultos, es fácil olvidar cómo era ser un niño lleno de energía y vida.

Aunque la energía y la fuerza vital de un niño no pueden controlarse, puede moldearse y conformarse en algo que se parezca al autocontrol y la autodisciplina a través de años de entrenamiento para que el niño se comporte de acuerdo con los cánones que se consideran apropiados en el momento. Sin embargo, se necesita mucho tiempo para esta capacitación disciplinaria porque a medida que el niño cambia a lo largo de los años, también lo hace el enfoque, porque tiene que coincidir con la etapa de desarrollo del niño. El enfoque lo es todo porque es lo que da forma a las acciones y al pensamiento del niño ahora y en el futuro. Los psicólogos saben que los procesos de pensamiento de un adulto responsable probablemente se remontan a sus años de desarrollo cuando todavía se estaba formando en un ser humano coherente y consciente con pensamientos y sentimientos propios.

Estos pensamientos y sentimientos se tienen en cuenta en el enfoque centrado en el niño para la crianza positiva y la disciplina. De hecho, este estilo de crianza se realiza con amor incondicional, pase lo que pase. Esto es ventajoso para el niño porque mejorará su salud y bienestar psicológicos, físicos y emocionales de muchas maneras. Este bienestar se deriva claramente de la estructura y la orientación en un entorno familiar receptivo y acogedor. En otras palabras, el ambiente lo es todo cuando se trata de darle al niño el amor, la libertad y los límites que necesita para prosperar.

Sin embargo, la libertad y los límites son más difíciles de obtener sin una comunicación positiva por medio de una expresión recíproca de palabras y lenguaje corporal entre padres e hijos para entenderse durante un momento de disciplina en la enseñanza. Este momento de disciplina generalmente es el resultado de que el niño quiera explorar curiosamente el entorno de su hogar y que el padre quiera garantizar la seguridad y el bienestar del niño. En resumen, se puede llegar a un compromiso si los padres y el niño tienen no solo una relación amorosa, sino también una relación de trabajo que permite espacio para crecer y desarrollarse individualmente.

Sin embargo, nunca se debe llegar a un compromiso con respecto al autocuidado, porque sin él, la crianza positiva puede ir cuesta abajo rápidamente, dado que el bienestar de la madre y el padre disminuye, lo que hace que el niño tampoco reciba la mejor atención. Sea como fuere, el cuidado del niño es primordial para que tenga la mejor vida posible a través de la estructura, orientación y disciplina inherentes a la crianza positiva. Criar y cuidarse a través del mismo mecanismo también lo dice todo.

También se habla mucho de los intentos de los padres de criar positivamente al niño porque se requiere un esfuerzo consciente, determinado e intencional para aprender nuevas técnicas de crianza de los hijos, pero al mismo tiempo no repetir la historia con los estilos de crianza de nuestros propios padres. De hecho, aprender un nuevo estilo de crianza de los hijos, como la crianza positiva, también requiere un tipo de atención plena, dado que requiere práctica repetida para dominarlo.

Dominar los muchos consejos positivos para padres en este libro es útil para los padres o tutores porque se necesita mucha energía para amar incondicionalmente a su hijo sin importar qué. Consejos como bajar al nivel del niño para parecer menos imponente como adulto son útiles cuando se trata de estructurar, guiar y disciplinar al niño con empatía y amor. Además, consejos como dar al niño opciones alternativas u opciones para evitar la disciplina se vuelven útiles cuando mamá o papá intentan equilibrar la crianza de los hijos con otras responsabilidades de la vida, como el trabajo. Sin embargo, la mayor responsabilidad y privilegio que se me ocurre es amar y disciplinar al niño para que tenga la mejor vida posible.

La clave para aprender una crianza positiva es clara, y es practicar los consejos y sugerencias de este libro regularmente. En resumen, no solo lea el libro y luego no haga nada. Tome medidas para mejorar la vida y el bienestar de su hijo, un consejo positivo a la vez. Realmente personifique y practique el mantra de crianza positivo: amar al niño sin importar nada más. Solo recuerda que el amor que le das a tu hijo es incondicional, desinteresado y altruista, lo que significa que es para el beneficio del niño y su bienestar, a fin de que tenga la mejor vida posible ahora y en un futuro.